Joana Zweiffel

Die Bedeutung der Work-Life-Balance für die Generation Y

Bibliografische Information der Deutschen Nationalbibliothek:

Die Deutsche Nationalbibliothek verzeichnet diese Publikation in der Deutschen Nationalbibliografie; detaillierte bibliografische Daten sind im Internet über http://dnb.d-nb.de abrufbar.

Impressum:

Copyright © Studylab 2018

Ein Imprint der Open Publishing GmbH, München

Druck und Bindung: Books on Demand GmbH, Norderstedt, Germany

Coverbild: Open Publishing GmbH | Freepik.com | Flaticon.com | ei8htz

Inhaltsverzeichnis

Abstract / Zusammenfassung

Die vorliegende Arbeit behandelt die Bedeutung der Work-Life-Balance für Berufseinsteiger am Beispiel von Studierenden. Zur Untersuchung der Relevanz wurden mithilfe einer einmaligen Befragung an Studierenden Daten erhoben. Insgesamt nahmen an dieser Erhebung 178 Frauen und 55 Männer teil, wobei das Durchschnittsalter bei 22,98 Jahren lag. Zur Analyse der Daten wurde an dieser Stelle auf bivariate Korrelationen und t-Tests für unabhängige Stichproben zurückgegriffen. Ein Zusammenhang zeigte sich in Abhängigkeit von dem Geschlecht und der Motivation der Probanden. Zusätzlich wurden Korrelationen unter Berücksichtigung der Karriere der Eltern deutlich. Insgesamt konnten Gemeinsamkeiten in der Einordnung der Work-Life-Balance gegenüber anderen Faktoren im beruflichen Kontext herausgearbeitet werden.

This study examines the importance of work-life-balance for young professionals based on an example of students from various faculties. 178 women and 55 men with an average age of 23 years participated in the online survey. Correlation analysis and t-test for independent samples were used to analyse data. Results showed differences in the importance of work-life balance among subjects. Correlations were found depending on gender, motivation and the career of parents. Overall, the subjects showed similarities in the arrangement of the work-life-balance compared to other factors in a professional context.

Abbildungsverzeichnis

2.2 Die Generationen des Arbeitsmarktes

Die Kategorisierung der Generationen begann bereits vor einigen Jahren und führte in der Folge zu einer Vielzahl unterschiedlicher Kategorien und Bezeichnungen der einzelnen Jahrgänge. Für die nähere Betrachtung wird ergänzend zu der Generation Y, die den Hauptgegenstand der vorliegenden Untersuchung darstellt, ein Blick auf die zwei vorherigen Altersgruppen geworfen- die Baby-Boomer und die Generation X. Die Vertreter dieser Altersklassen finden sich ebenfalls auf dem Arbeitsmarkt als Erwerbstätige wieder und sind daher oftmals im Teamgefüge eines Unternehmens gemeinsam mit der Generation Y vorzufinden. Insbesondere die älteren Generationen sind darüber hinaus in Führungsfunktionen anzutreffen, so dass eine Betrachtung der Gemeinsamkeiten und Differenzen für ein besseres Verständnis der Zusammenarbeit sinnvoll erscheint.

2.2.1 Die Baby-Boomer

Die Generation der Baby-Boomer umfasst die geburtsstarken Jahrgänge der Nachkriegszeit und ist die älteste der hier aufgeführten Generationen. In der amerikanischen Literatur werden ihr die Geburtenjahrgänge von 1946 bis 1964 (Lancaster & Stillman, 2002) zugeordnet, wobei es, ebenso wie bei der Betrachtung anderer Generationen, unterschiedliche Zeithorizonte gibt. In der deutschen Forschung wird diese Generation oft erst ein Jahrzehnt später zwischen 1956 und 1966 eingeordnet (Dahlmanns, 2014). Die Wirtschaft verzeichnete in diesen Jahren eine Hochkonjunktur, welche besonders durch den wachsenden Einfluss der Gewerkschaften bestärkt wurde (Dahlmanns, 2014). Dennoch gab es einen solchen Warenüberfluss wie heute zunächst nicht, wodurch die meisten Konsumgüterbranchen eine Knappheit der Handelsgüter kennzeichnete. Die Baby-Boomer sind in Folge dessen im Vergleich zu nachfolgenden Generationen oftmals vorsichtiger im Umgang mit Geld. Erst das Wirtschaftswunder der späten 1950er Jahre verbesserte die wirtschaftliche Situation der Gesellschaft und beeinflusste die vorherrschende Stimmung und Kultur. Die Menschen erwirkten in dieser Zeit eine kollektive und auf gemeinsamen Werten aufbauende Gesellschaft (Parment, 2013).

Die Baby-Boomer zeigen in ihrem Bestreben eine starke Leistungsorientierung und einen hohen Berufsbezug auf, wodurch sie ihre Suche und ihren Wunsch nach Beständigkeit realisieren wollen. Sie legen den Fokus auf berufliche Aspekte und ein hohes Maß an Durchsetzungsfähigkeit, da die Konkurrenz, resultierend aus den starken Geburtenjahrgängen, wesentlich breiter und größer ist als heute

(Lancaster & Stillman, 2002). Die Arbeit wird an dieser Stelle als Pflicht angesehen und dient nicht der Selbstverwirklichung der Menschen. Die Baby-Boomer unterliegen demnach einem starken Funktionalismus, der gegenüber Ästhetik und Emotion an Bedeutung gewann. Dies zeigt sich oftmals in Kaufentscheidungen, in denen Emotionen als nicht relevant erachtet werden und eine erkennbare Vernunftkultur die Entscheidungen der Menschen prägt (Parment, 2013).

Mit Hinblick auf die nachfolgenden Generationen änderten sich einige dieser Merkmale bereits in der Generation X.

2.2.2 Die Generation X

Die Generation X knüpft an die Baby-Boomer an und umfasst die Jahre 1967 bis 1980 (Dahlmanns, 2014). Die Bezeichnung gründet an dieser Stelle auf dem Titel eines Romans von Coupland aus dem Jahr 1991 („Generation X: Tales for an Accelerated Culture") (Ruthus, 2013; Coupland, 1991). In diesem Werk schreibt Coupland über eine namenlose Generation, die sich von ihrer Vorgängergeneration abgrenzt und versucht, sich in der vorherrschenden gesellschaftlichen und wirtschaftlichen Situation zurechtzufinden. Diese Generation nennt er die Generation X. Hierbei macht Coupland deutlich, dass die Generation X weniger Wohlstand als ihre Elterngeneration erfährt und übt an vielen Stellen Kritik (Coupland, 1991). Im Deutschen wird die Generation X auch oft als Generation Golf, rückführend auf einen Roman von Illies, bezeichnet (Dahlmanns, 2014).

Die Vertreter dieser Jahrgänge unterliegen häufig einer beruflichen und gesellschaftlichen Unzufriedenheit. Dadurch, dass sie das Stagnieren fürchten, vollziehen sie viele berufliche Wechsel und entwickeln oftmals eine zynische Haltung und ein Misstrauen gegenüber der Beständigkeit ihrer Karriere (Lancaster & Stillman, 2012). In diesem Zusammenhang wurde Kritik an der am Ende vorfindbaren Wohlstandssituation der Baby-Boomer laut und die Werte der Generation X wurden in Abgrenzung zu ihren Vorgängern fixiert. Während die Baby-Boomer das deutsche Wirtschaftswunder der Nachkriegszeit miterlebten, bekam die Generation X zunehmend die Auswirkungen der wirtschaftlichen Krisen auf dem Arbeitsmarkt zu spüren (Dahlmanns, 2014). Dies zeigte sich auch in der vorherrschen Stimmung. Derweil sich die Baby-Boomer aufgrund des Kriegsendes und der wirtschaftlichen Hochkonjunktur durch einen weitverbreiteten Optimismus in der Gesellschaft auszeichneten, herrschte in der Generation X insbesondere der Skeptizismus vor (Hammill, 2005).

Die Angehörigen der Generation X orientieren sich zunehmend stärker an materialistischen Werten. Während der beruflichen Erwerbstätigkeit wurden Aspekte- wie die eigene Karriere, finanzieller und sozialer Wohlstand, sowie Sicherheit- zu wichtigen Faktoren und führten dazu, dass der Familienplanung eine geringere Bedeutung zugewiesen wurde (Oertel, 2007; zitiert nach Böhm, Bruch & Kunze, 2010). Im Vergleich zu ihren Vorgängergenerationen wurde ihnen das Arbeitsumfeld immer wichtiger, gleichwohl die berufliche Bedeutung noch nicht mit nachfolgenden Generationen verglichen werden kann (Hansen & Leuty, 2012). Obwohl sie häufig in wenig fordernden Bereichen tätig sind, streben sie zunehmend stärker nach einer beruflichen Erfüllung. Diese resultiert nicht unbedeutend auch aus der Tatsache, dass die Generation X als erste Generation die Entwicklung der Wissens- und Informationstechnologien in einem Umfang zu spüren bekam, der die Gesellschaft und das Leben in dieser beeinflusst hat (Eilers & Rump, 2013a). Bereits die Generation X befindet sich, ebenso wie die spätere Generation Y, in einer Vielzahl von Spannungsfeldern, derer Bewältigung eine Hauptaufgabe der Gesellschaft darstellt. Ein Leben zwischen Familie und Beruf, zwischen Flexibilität und der Suche nach Beständigkeit, ebenso wie der verstärkt aufkommende Individualismus führen zu Konflikten, die es zu lösen gilt (Eilers & Rump, 2013a).

2.2.3 Die Generation Y

Im Jahr 1993 wurde der Begriff der Generation Y zum ersten Mal in einem Artikel der Fachzeitschrift Ad Age eingesetzt. Eine eindeutige zeitliche Einordnung ist jedoch auf Grund verschiedener Untersuchungen und Auslegungen, ebenso wie bei anderen Generationen, nur schwer möglich (Parment, 2013). Für eine grobe Orientierung werden im Folgenden die Jahrgänge nach 1981 dieser Generation zugeordnet, gleichwohl verschiedene Eingrenzungen in der Literatur zu finden sind (Klaffke & Parment, 2011).

2.2.3.1 Einflüsse auf die Generation Y

Der Generation Y werden viele Attribute zugeschrieben, die die Vertreter dieser Jahrgänge in unterschiedlicher Stärke prägen. Sie ist aktuell Gegenstand diverser Diskussionen und Studien und beschriebene Charakteristika werden zum Teil in unterschiedlicher Weise ausgelegt. Die Einflussfaktoren, die auf diese Altersgruppe wirken und ihre Merkmale formen, können hierbei nach extern bedingten und individuellen Faktoren gegliedert werden (Eilers & Rump, 2013a).

Externe Faktoren spiegeln sich in dem äußerst komplexen Gesellschaftsumfeld wider, in welchem die Vertreter der Generation Y aufgewachsen sind und leben.

Durch eine stärker werdende Globalisierung kommt es zu wachsenden internationalen Verflechtungen, die durch eine hohe Transparenz und Fortschritte in Informations- und Kommunikationstechnologien beschleunigt werden (Eilers & Rump, 2013a). Die Globalisierung erleichtert das internationale Arbeiten und Studieren, ebenso wie das Reisen und fördert das Bewusstsein für die kulturelle Vielfalt. Darüber hinaus führen die technologischen Entwicklungen die Gesellschaft zunehmend hin zu einer Wissens- und Innovationsgesellschaft, die ständigen Erneuerungen und Reizen ausgesetzt ist. Dies betrifft auch die Vertreter früherer Generationen, die oftmals aufgrund fehlender Vorkenntnisse Schwierigkeiten im Umgang mit neuen Technologien haben (Eilers & Rump, 2013a; Eilers & Rump, 2013b). Die Bedeutung des Internets und der digitalen Medien wächst und stärkt, besonders durch das Auftreten der Social Media, den Wunsch nach Partizipation und Vernetzung (Parment, 2013). Gerade junge Menschen wachsen mit einer durchgehenden Erreichbarkeit und dem Bedürfnis nach ständigem Anschluss auf, wodurch soziale Medien an Stellenwert gewinnen und einen Großteil der Zeitressourcen in Anspruch nehmen (Parment, 2013).

Durch die technologischen Entwicklungen und die internationalen Verflechtungen nehmen die Wahlmöglichkeiten der Generation Y zu und erhöhen den Anspruch der Menschen an ihre Lebensbedingungen. Es kommt in Folge dessen zu einer Werteverschiebung, wodurch individualistische Werte in ihrem Auftreten verstärkt werden. Die Vertreter dieser Generation streben nach Unabhängigkeit und Selbstbestimmung und grenzen sich in diesem Bedürfnis von vorherigen Jahrgängen ab (Eilers & Rump, 2013a).

Ein wichtiger Aspekt, der die Gesellschaft des Weiteren kennzeichnet und einer Entwicklung unterliegt, ist das Vorfinden alternativer Lebensgemeinschaften, die oft an Stelle der traditionellen Familienstruktur treten. Es zeigt sich ein wandelndes Bild hinsichtlich der Kinderbetreuung, in welcher zunehmend auch die Männer einen Teil der Elternzeit übernehmen, um der Kindererziehung nachzukommen. Das Institut für Demoskopie Allensbach zeigte in einer Umfrage 1981, dass 67% der jungen Väter bis 44 Jahre den eigenen Lebenssinn im Wohlergehen ihrer Kinder sehen. Dieser Wert lag 2003 bereits bei 78%, wodurch eine wachsende Familienbezogenheit der Männer deutlich wird (Institut für Demoskopie Allensbach, 2005). Das sich klassische Rollenmodelle im familiären Bereich verändern, wird auch bei Betrachtung der Scheidungsrate deutlich, die sich im Vergleich zu den 1950er Jahren etwa verdoppelt hat (1950: 84.674 Ehescheidungen; 2014: 166.199 Ehescheidungen (Statistisches Bundesamt, 2015a)). Dass Scheidungen häufiger vollzogen werden, hat zur Folge, dass die Zahl an Patchwork- und Stieffamilien in den vergangenen Jahren verstärkt zugenommen hat. Es wird vermutet, dass 7-13% der Familien in Deutschland in Form von Stief- und Patchworkfamilien zusammenleben (Bundesministerium für Familie, Senioren, Frauen und Jugend, 2013). Patchworkfamilien benötigen in vielen Fällen eine aufwändigere Koordination, was Entscheidungen in Bezug auf die leiblichen Kinder und die Stiefkinder betrifft. Eine stärkere Betreuung der Kinder und ein bewusster Aufbau, sowie die Festigung der Beziehung zwischen den Kindern und den neuen Stiefpartnern beansprucht ein hohes Maß an Zeit, Geduld und Verständnis. Dies führt zu großen Herausforderungen im Privatleben, die oftmals einen Einfluss auf den Arbeitsalltag ausüben können (Bundesministerium für Familie, Senioren, Frauen und Jugend, 2013). Auf der anderen Seite werden die jungen Vertreter der Generation Y zum Teil bereits in der eigenen Jugend mit dieser Situation konfrontiert und wachsen teilweise selbst in Patchworkfamilien auf.

Gleichwohl man nicht von einem egoistischen Bestreben dieser Generation sprechen kann, wandeln sich die sozialen Werte der Menschen hin zu einer stärkeren Bedeutung von persönlichem Erfolg und Karriere. Die Vertreter der Generation Y suchen die Herausforderung und wollen führen. In einer Millennial-Studie von Universum Global wurden im Sommer 2014 mehr als 16.000 junge Berufstätige und Studierende zu beruflichen Aspekten befragt, wobei die Erhebung international in 42 Ländern durchgeführt wurde. In Deutschland sagten 48% der Befragten hierbei, dass sie im Laufe ihrer Karriere eine Führungsrolle im Unternehmen übernehmen möchten. Für nur 29% ist eine Führungsaufgabe kein wichtiges Karriereziel. Im weltweiten Vergleich sagten sogar 69% der Probanden, dass die Übernahme einer Führungsrolle im Laufe ihrer Karriere für sie wichtig sei (Universum Global, 2014).

In diesem Zusammenhang gehen für die Generation Y aus den Entwicklungen und Veränderungen jedoch nicht nur Vorteile heraus. Die anwachsende Digitalisierung innerhalb der vergangenen Jahre führt an vielen Stellen zu einer Zunahme an Belastungen und erschwert das Abschalten. Für 69% der Befragten einer Studie des ibi research aus dem Jahr 2013 (N=904) ruft die Digitalisierung konkrete Nachteile hervor. Vorwiegend werden eine ständige Erreichbarkeit, körperliche und gesundheitliche Probleme, sowie Überforderungssymptome als Nachteile erwähnt (ibi research an der Universität Regensburg GmbH, 2013). Die ständige Erreichbarkeit in allen Lebensbereichen wird besonders auch durch vorgelebte Führungskulturen bestärkt. Dies lässt sich empirisch jedoch aufgrund einer starken Diskretion der Führungskultur erschwert messen und findet aktuell noch keine signifikante Bestätigung.

Die Flexibilität, die die Dynamiken der Gesellschaft und der Technologie mit sich bringen und fordern, zeigt sich in den Einstellungen der Generation Y, ebenso wie in ihrer Erwartung an den beruflichen Alltag.

Betrachtet man an dieser Stelle die Merkmale der Generation im beruflichen Bereich etwas näher, liefern verschiedene Studien Ergebnisse zu der Bedeutung von Kriterien bei der Arbeitsgeberwahl. In einer Studie von Guillot-Soulez und Soulez (2015) wurde die Heterogenität von Jobpräferenzen der Generation Y untersucht. Die Zielgruppe (N=592) stellten hierbei junge französische Absolventen dar, die in Alter, Nationalität, Abschluss und Kohorte homogen waren. Die Ergebnisse dieser Studie zeigten, dass die beruflichen Präferenzen der Probanden zwar heterogen waren, jedoch über die Grundgesamtheit hinweg Gemeinsamkeiten vorlagen. Aufgrund der unterschiedlichen Ausprägungen hinsichtlich individueller Jobpräferenzen konnten die Probanden in vier Kategorien geordnet werden. Es wurde zwischen der Gruppe der Sicherheitsorientierten, den Karriereorientierten, den Balanceorientierten und den Unbeschwerten unterschieden. Obwohl die Probanden unterschiedlichen Kategorien angehörten, präferierte die Gesamtheit der Personen dieser Studie die Arbeitsplatzsicherheit und eine angenehme Arbeitsatmosphäre und erachteten diese als sehr wichtig (Guillot-Soulez & Soulez, 2015). Die Kienbaum Management Consultants GmbH führte 2009 eine Studie unter Studenten (N=189) durch, die dahingehend die Motivationsfaktoren der Generation Y im Ergebnis herausstellte. Hierbei wurde deutlich, dass sich sieben Attribute darstellen lassen, die für die gesamte Generation bei der Zufriedenheit im Arbeitsalltag relevant sind. Bei diesen Attributen handelt es sich um eine herausfordernde Arbeit, die Vergütung, ein kollegiales Arbeitsumfeld, den Standort, die Karrieremöglichkeiten, die Work-Life-Balance und Weiterbildungs- und Entwicklungsmöglichkeiten (Kienbaum Management Consultants GmbH, 2010).

2.2.3.2 Kompetenzen der Generation Y

Jede Generation weist Merkmale und Kompetenzen auf, die sie von anderen Generationen unterscheidet. Ebenso wie andere Aspekte der Generation Y betreffend, zeigen sich auch hier unterschiedliche Ansichten, welche Kompetenzen als Schüsselmerkmale dieser Generation zu bezeichnen sind. Was jedoch jede Publikation als auffällige Stärke kennzeichnet, ist die vorliegende Medienkompetenz der jungen Generationsvertreter (Eilers & Rump, 2013a). Die Generation Y wächst mit Onlinemedien und dem Bewusstsein für Smartphones, Notebooks und das Internet auf, sodass ihnen der Umgang mit diesen Medien vertraut ist. Diese Technikaffinität zeigt sich besonders im Bereich der Informationssuche, wie eine amerikanische Studie des Pew Research Center aus dem Jahr 2002 deutlich macht. In dieser Befragung gaben 71% der amerikanischen Studenten an, dass sie das Internet als Hauptquelle für die Suche nach Informationen nutzten (Weiler, 2004). Aufgrund der Entwicklungen und einer damit verbundenen zunehmenden Internetnutzung, wie im weiteren Verlauf dargestellt wird, kann vermutet werden, dass dieser Effekt seit der Veröffentlichung der Studie im Jahr 2002 zugenommen hat. In diesem Zusammenhang lässt sich sagen, dass ein Anfang 20-Jähriger, der einen späten Vertreter der Generation Y darstellt, bis zu diesem Zeitpunkt im Durchschnitt etwa 250.000 SMS, E-Mails und Instant Messages erhielt und verschickte, 10.000 Stunden das Handy nutzte, 5.000 Stunden mit dem Spielen am Computer verbrachte und sich 3.500 Stunden online in sozialen Netzwerken aufhielt (Medman & Windisch, 2008).

Eine Umfrage von Powers und Valentine aus dem Jahr 2013 untersuchte im Weiteren ebenfalls das Medienverhalten der Generation Y. In dieser Studie wurden elektronische Medien als wichtigste Quelle zur Erlangung von Werbeinformationen gekennzeichnet, wobei das Fernsehen als das wichtigste Medium noch vor dem Internet genannt wurde. Traditionelle Printmedien haben eine nur noch geringe Bedeutung im Zusammenhang mit Informations- und Werbedarstellungen, jedoch zeigten sich in diesem Bereich Unterschiede hinsichtlich des Geschlechts. Es wurde deutlich, dass Frauen der Generation Y im Gegensatz zu Männern desselben Alters eher zu traditionellen Medien greifen. Frauen nutzten signifikant häufiger Print-Medien wie Postwurfsendungen, die Tageszeitung und Zeitschriften im Vergleich zu Männern (Powers & Valentine, 2013).

Dass die Bedeutung der digitalen Medien kontinuierlich zunimmt, spiegelt sich auch in der zeitlichen Nutzung wider. Die Verweildauer im Internet ist bereits zwischen 2006 und 2015 bei jungen Erwachsenen zwischen 12 und 19 Jahren um 109 Minuten auf insgesamt 208 Minuten täglich gestiegen (Medienpädagogischer Forschungsverbund Südwest, 2015). Da trotz der gesteigerten Nutzung des Internets und der Smartphones kein Rückgang der traditionellen Werte, wie Familie und Freunde, zu verzeichnen ist, werden die Vertreter der Generation Y auch häufig als Multitasker bezeichnet (Eilers & Rump, 2013a). Das Selbstverständnis im

Umgang mit Medien führt dazu, dass für die Anwendung immer weniger Konzentrationsaufwand notwendig ist, wodurch frei gewordene Aufmerksamkeit auf weitere Aktivitäten zur gleichen Zeit gelegt werden könnte. Hierbei wird vermutet, dass diese Fähigkeit zum Multitasking auch im beruflichen Kontext Vorteile aufzeigen könnte, da eine sinnvolle Priorisierung die gleichzeitige Erledigung mehrerer Arbeitsaufgaben erleichtert (Eilers & Rump, 2013a). Dieses Konzept des Multitaskings mit den verbundenen Vorteilen ist jedoch umstritten. Eine Studie von Nass, Ophir und Wagner (2009) untersuchte die kognitive Kontrolle während des Medienmultitaskings. Die Ergebnisse zeigten, dass starke Medienmultitasker anfälliger für Störungen aus der Umwelt waren und irrelevante Reize schwerer filtern konnten als schwache Medienmultitasker (Nass, Ophir & Wagner, 2009).

Im Hinblick auf weitere Kompetenzen der Generation Y zeigen sich eine ausgeprägtere Veränderungsbereitschaft und Innovationsfähigkeit im Vergleich zu anderen Jahrgängen. Dies lässt sich mit dem beständigen Wandel und dem Umgang mit hohen Dynamiken erklären, wodurch ein schnelles Anpassen notwendig wird (Eilers & Rump, 2013a).

Als Resultat hieraus zeichnen sich Vertreter der Generation Y durch ihre Lernbereitschaft und ihre Lernfähigkeit aus (Eilers & Rump, 2013a). Dadurch, dass die Wahlmöglichkeiten stetig zunehmen und die jungen Erwachsenen sich möglichst alle Türen offen halten wollen, versuchen sie, den eigenen Wert auf dem Arbeitsmarkt zu erhöhen. Um dies zu realisieren, wählen junge Erwachsene oft den akademischen Bildungsweg, entschließen sich im Ausland zu studieren oder zu arbeiten und versuchen, viele Praktika zu absolvieren. Aufgrund der zunehmenden internationalen Verflechtungen werden besonders Auslandssemester oder – praktika in ihrem Zugang erleichtert und daher häufiger genutzt (Eilers & Rump, 2013a). Häufig anzutreffen sind in diesem Zusammenhang Aspekte der Kommunikationsfähigkeit, die ebenfalls durch eine starke Mediennutzung verbessert werden. Da junge Berufseinsteiger die ihnen zur Verfügung stehenden Möglichkeiten in bestmöglichem Umfang nutzen wollen, bringen sie eine hohe Flexibilität und Mobilität mit, die sich auch im Berufsleben zeigen. Sie sind aufgrund der geringen Verantwortlichkeiten zu Beginn des Arbeitslebens in der Lage, Orte oder sogar Länder auf Wunsch des Arbeitgebers zu wechseln und stehen in den meisten Fällen vielseitigen und neuen Aufgaben und Eindrücken offen gegenüber (Eilers & Rump, 2013a).

2.2.3.3 Die Generation Y auf dem Arbeitsmarkt

Die Vertreter der Generation Y unterscheiden sich in ihren Erwartungen und Ansprüchen von ihren Vorgängern. Folglich müssen sich auch die Arbeitgeber und Unternehmen auf eine solche Bedürfnisveränderung einstellen, wobei sich Kommunikation und Zusammenarbeit der unterschiedlichen Generationenvertreter an dieser Stelle häufig als schwierig erweisen.

Während viele Baby-Boomer zunehmend in den Ruhestand treten, bestehen kollegiale Teams vorwiegend aus Vertretern der Generationen X und Y. Die Einstellungen dieser beiden Generationen stehen hierbei jedoch häufig im Gegensatz zueinander, da das Arbeiten für die jungen Berufseinsteiger immer weniger als Pflicht, sondern vielmehr zur Selbstverwirklichung dienen soll.

In Kapitel 2.2.3.1 wurde bereits auf zunehmende Wahlmöglichkeiten und eine stärkere Leistungsorientierung der Gesellschaft Bezug genommen. Aus dieser Leistungsorientierung entwickelt sich das Bestreben den höchstmöglichen Abschluss zu erreichen, um für alle Eventualitäten im beruflichen Leben gerüstet zu sein (Eilers & Rump, 2013a). Immer mehr Schulabgänger haben in den letzten Jahren daher die Wahl sich zwischen einem Studium und einer Ausbildung zu entscheiden. Das Deutsche Zentrum für Hochschul- und Wissenschaftsforschung (DZHW) führte 2012 eine Studie durch, die die Bildungsentscheidung von Studienberechtigten untersuchte. Hierbei zeigte sich, dass ein halbes Jahr nach Erlangung der Hochschulreife 51% der Absolventen ein Hochschulstudium aufnahmen und 19% eine Ausbildung begannen (N=11.686). Oftmals erfolgte dies, um sich mehr Möglichkeiten offen zu halten und ein höheres Gehalt zu erzielen (Franke & Schneider, 2014). Generell ist die Zahl der Studienanfänger zwischen 1998 und 2014 um 44% gestiegen (Statistisches Bundesamt, 2015d), was zur Folge hat, dass der Berufseinstieg für junge Hochschulabsolventen erst später beginnt. Die Karrieren, die von der Generation Y angestrebt werden, sind kürzer und intensiver, denn junge Absolventen möchten nicht später in Rente gehen müssen, gleichwohl sie erst später in ihren Beruf einsteigen. Um dieses Zusammenspiel von einem späteren beruflichen Einstieg bei gleichbleibendem Renteneintrittsalter realisieren zu können, versuchen junge Arbeitnehmer das angestrebte Karrierelevel schneller zu erreichen (Parment, 2013). Hierdurch entsteht ein höherer Druck, der sich in psychischen oder physischen Erkrankungen zeigen kann. Die Zahl solcher Erkrankungen ist bereits in den letzten Jahren auch bei Personen unter 30 Jahren stark angestiegen. 24% der Probanden, die in einer Arbeitskräfteerhebung 2013 durch die Statistischen Landesämter befragt wurden, gaben an, am Arbeitsplatz körperlichen Belastungen ausgesetzt zu sein. Die vorliegende Stichprobe setzte sich als Ad-hoc-Modul aus einer Substichprobe der Mikrozensusbefragten zusammen und umfasste etwa 68.300 Probanden (Statistisches Bundesamt, 2015b). Der Anteil der Erwerbstätigen dieser Stichprobe, die von psychischen Belastungen betroffen waren, lag im selben Jahr bei 17%. Hierbei wurden als Auslöser Zeitdruck und Arbeitsüberlastung (15%), Mobbing oder Belästigungen am Arbeitsplatz (knapp 1%), sowie Gewaltandrohung (0,5%) angegeben (Statistisches Bundesamt, 2015b). Besonders der Aspekt der psychischen Belastungen wird durch einen wachsenden Leistungs- und Zeitdruck verstärkt. Die DEGS-Studie lieferte in diesem Zusammenhang einige wichtige Ergebnisse. Es wurde deutlich, dass Frauen eine überdurchschnittliche Stressbelastung mit 13,9% signifikant häufiger angaben, als Männer der Untersuchung ($N=7.988$). Hierbei zeigt sich jedoch ein Unterschied hinsichtlich des sozioökonomischen Status, so dass Probanden mit einem hohen Status in nur 7,6% eine überdurchschnittliche Stressbelastung angaben, Probanden mit einem niedrigen Status jedoch in 17,3% der Fälle (Bode, Busch, Hapke, Maske, Scheidt-Nave & Schlack, 2013). Es wurden zudem Unterschiede im Stressempfinden in Abhängigkeit von der beruflichen Tätigkeit deutlich. Besonders betroffen waren an dieser Stelle Erwerbstätige mit Führungsverantwortung. In dieser Berufsgruppe gaben 29% der Befragten an unter starkem Zeitdruck zu leiden. Im Vergleich hierzu äußerten nur 13,6% der Erwerbstätigen ohne eine Führungsbefugnis eine solch starke Überbelastung (Liersch, 2014).

Im Folgenden rückt der familiäre Bereich in den Fokus, der im Wirken der Generation Y ebenfalls einem Wandel unterlag. Die traditionelle Rollenverteilung der Haushalte, in der ausschließlich der Vater in Vollzeit erwerbstätig ist, nahm zwischen 1996 (40%) und 2011 (29%) deutlich ab (Haustein & Keller, 2012). Ein Grund für diese Veränderung resultiert aus den sich wandelnden Familienstrukturen mit ansteigender Beschäftigung der Frauen, trotz einer vorliegenden Mutterschaft. Der Mikrozensus zeigte 2011, dass sich die Erwerbsquoten von Müttern und Vätern im Zeitvergleich unterschiedlich entwickelt haben. So waren 1996 nur 55% der Mütter aktiv erwerbstätig, wohingegen diese Zahl 2011 auf 60% (+5 Prozentpunkte) gestiegen ist. Bei den Männern zeigt sich an dieser Stelle ein gegenteiliger Effekt. 1996 waren es noch knapp 90%, die aktiv einer beruflichen Tätigkeit nachgingen und 2011 nur noch 84,6% (-5,4 Prozentpunkte) (Haustein & Keller, 2012). Der Mikrozensus verdeutlicht an dieser Stelle weiter, dass Frauen nach der Geburt eines Kindes häufig über Teilzeitpositionen in den Beruf zurückkehren. 2011 waren demnach mehr als zwei Drittel der Mütter in Teilzeitpositionen tätig (70%) (Haustein & Keller, 2012).

Die Familienmodelle weisen eine zunehmende Beteiligung der Männer an der Kinderbetreuung auf, gleichwohl eine vollständige Gleichsetzung von Frau und Mann in diesem Bereich noch nicht erreicht zu sein scheint. Vergleicht man diese Zahlen mit den Untersuchungen zum Stressempfinden, so zeigt sich, dass besonders Frauen aufgrund der oftmals vorliegenden Doppelbelastung als eine Art Risikogruppe zu betrachten sind.

Im Folgenden wird nun die Reaktion der Unternehmen auf die Vertreter der Generation Y betrachtet. Eine immer größere Rolle kommt hierbei der Identität, dem Image und den sozialen Netzwerken zu und dies bereits bei der Jobsuche. Die Kanäle, die ein Unternehmen wählt, ebenso wie die Botschaften, die über diese gesendet werden, müssen sorgfältig betrachtet und bewusst implementiert werden. Die sozialen Netzwerke nehmen hierbei eine wachsende Bedeutung ein. Negative Erfahrungen und kritische Meinungen werden meist über Online-Kanäle verbreitet und die Transparenz steigt zunehmend. Auch Rankings und offizielle Arbeitgeberstudien beeinflussen das Image und die Bekanntheit und dienen darüber hinaus potenziellen Arbeitnehmern zur Orientierung (Parment, 2013). Der vorherrschende Individualismus der Berufseinsteiger spiegelt sich auch in den Unternehmen wider, die mit unterschiedlichen Maßnahmen auf die Einstellungen und Erwartungen der Generation Y reagieren.

Die wohl auffälligste Entwicklung der heutigen Zeit stellt die zunehmende Auflockerung der festen Unternehmensstrukturen dar. Neue Beschäftigungsformen, die die starren Arbeitszeiten aufgestoßen haben, finden sich an dieser Stelle häufig im Bereich der Teilzeitstellen wieder, wie Kapitel 3.2.2 im weiteren Verlauf zeigen wird. Viele Frauen, die trotz eines Kindes einer Erwerbstätigkeit nachgehen wollen, steigen über eben solche Stellen wieder in den Beruf ein. Die Dienststunden, ebenso wie die Wochenarbeitszeiten liegen zunehmend in der Eigenverantwortung des Arbeitnehmers. Hierbei stehen flexible Arbeitszeiten und die Möglichkeit des Home-Offices für eine neue Orientierung hinsichtlich der Kontrolle und Bewertung der Arbeitnehmer. Es steigert das kooperative und vertrauensvolle Miteinander und entspricht den Bedürfnissen der Generation Y nach Individualisierung und Souveränität. Dennoch nimmt die Beständigkeit der Arbeitnehmer bei einem gleichzeitigen Anstieg der Jobwechsel ab (Parment, 2013). Die Absolventen treten aufgrund des starken Anstiegs der Studentenzahlen oftmals über unbezahlte oder gering honorierte Anstellungen in das Berufsleben ein. In diesem Zusammenhang ließ die Europäische Kommission 2013 eine Umfrage durchführen. Diese erfragte, welcher Anteil der Europäer, die ihre Ausbildung bereits abgeschlossen haben, weitere Praktika absolvieren. Für die deutschen Befragten zeigte sich, dass 20% der Teilnehmer nach ihrer Ausbildung weitere Praktika abgeleistet haben, wobei es sich hierbei um Personen handelt, die sogar mehrere Praktika absolviert haben (Europäische Kommission, 2013).

Hinzukommend zu einer geringen Vergütung nehmen die Berufseinsteiger Aspekte wie eine längere Arbeitszeit, Termin- und Erwartungsdruck, ungewohnte körperliche Anstrengungen oder ein neues soziales Umfeld in Kauf, um einen guten Berufseinstieg und schnelle Aufstiegsmöglichkeiten erzielen zu können (Eilers & Rump, 2013a). Gleichwohl sie all diese Faktoren auf sich nehmen, um optimale Karrierebedingungen sicherzustellen, möchten junge Berufseinsteiger diese Aspekte nicht während ihrer gesamten Berufstätigkeit tragen müssen und zeigen daher bereits zu Berufsbeginn ihre hohe Wechselmotivation. Die Vertreter der Generation Y haben ein gesundes Bewusstsein für die Gefahren, die mit einer hohen beruflichen Belastung einhergehen. Diese Generation strebt daher ein Zusammenspiel aus Leistung und Lebensgenuss an (Eilers & Rump, 2013b). Eine Studie von Kienbaum (2014), in der 582 Studenten befragt wurden, stützt an dieser Stelle den vorliegenden Aspekt. 73% der Befragten gaben hierbei an, dass Familie und Freunde wichtige Werte und Ziele im Leben darstellen. Dies ist, gemeinsam erhoben, der wichtigste benannte Wert noch vor dem Aspekt Erfolg und Karriere (56%) (Kienbaum Communications GmbH & Co. KG, 2015). Die Vereinbarkeit von Familie und Beruf wurde bereits in der Generation X zunehmend wichtiger und als bedeutender Faktor benannt. Im Falle einer notwendigen Entscheidung zwischen den beiden Lebensbereichen, zeigen sich jedoch Unterschiede im Verhalten der Generationen. Während die Generation X, die den materialistischen Werten eine hohe Bedeutung zukommen lässt, eine solche Entscheidung zugunsten des Berufes tätigen würde, priorisiert die Generation Y an dieser Stelle die Familie (Crumpacker & Crumpacker, 2007). Auf diesen Wandel in der Bedeutung von Arbeitgeberfaktoren mussten auch die Unternehmen reagieren, wie in Kapitel 3 näher erläutert wird.

Bedingt durch die zunehmende Verschiedenartigkeit beruflicher Gruppen, ist eine Förderung von gemeinsamen Werten ratsam und notwendig. Die Teams einer Organisation setzen sich aus verschiedenen Vertretern einzelner Generationen zusammen, die unterschiedliche berufliche Aspekte als relevant erachten. Resultierend aus der hohen Teamorientierung der Generation Y wird vermutet, dass

Tabellenverzeichnis

1 Einleitung

Jede Generation ist geprägt von gesellschaftlichen und wirtschaftlichen Ereignissen, die die Menschen der einzelnen Jahrgänge beeinflussen. Die jungen Vertreter der Generation Y sind an dieser Stelle Gegenstand zahlreicher Studien und beschäftigen Forscher verschiedener Bereiche. Als junge Arbeitnehmer[1] und zukünftige Berufseinsteiger erscheint besonders die Betrachtung im unternehmerischen Kontext als relevant, da sie vielen ihrer Vorgängergenerationen gegenüber stehen. Die Forschung stellt an dieser Stelle vorwiegend die Motivationsfaktoren und das Verhalten dieser Jahrgänge in ihrer Entwicklung und Veränderung zu vorherigen Generationen heraus. Im Fokus stehen sowohl die Ansprüche und Einstellungen, als auch die Erwartungen und Ziele im beruflichen und privaten Bereich.

In diesem Zusammenhang wurde der Wunsch, ebenso wie die Forderung nach einer verbesserten Work-Life-Balance laut, die aus den Bedürfnissen der Generation Y heraus gewachsen sind. Denn diese Generation handelt autonomer und selbstbestimmter als ihre Vorgänger und ordnet individuellen Wünschen eine höhere Priorität zu. Demnach sind sie an einem größeren Gleichgewicht aus Arbeit und Privatleben interessiert und beziehen nicht mehr nur die monetären Anreize eines Arbeitgebers in ihre Entscheidungen mit ein. Ein früherer Gedanke, der die Arbeit als notwendiges Übel bezeichnet, wurde an vielen Stellen aufgehoben. Er wird oftmals durch die Annahme ersetzt, dass Arbeit als Teil der Selbstgestaltung und Prozess der Selbstverwirklichung zu sehen ist, der individuell die Persönlichkeit formt.

Dies führt dazu, dass Investitionen in den beruflichen Erfolg und die eigene Karriere einen wichtigen Stellenwert einnehmen. Dieses Ziel einer erfolgreichen beruflichen Karriere soll jedoch, für eine positive Work-Life-Balance, auch mit privaten Zielen in Einklang gebracht werden.

---

[1] Aus Gründen der besseren Lesbarkeit wird in dieser Bachelorarbeit die Sprachform des generischen Maskulinums angewendet. Es wird an dieser Stelle darauf hingewiesen, dass die ausschließliche Verwendung der männlichen Form geschlechtsunabhängig verstanden werden soll.

Teamarbeiten auch weiterhin zunehmen werden und ein effektives Arbeiten in solchen ermöglicht werden muss (Eilers & Rump, 2013a). Aufgrund der besonderen Bedeutung des Teamaspekts, der für die Generation Y zu einem selbstverständlichen Alltag gehört und von den Vertretern seit der Kindheit erlernt und praktiziert wird, ist es darüber hinaus notwendig, die Hierarchie des Unternehmens zu prüfen. Gerade die junge Generation strebt flache Hierarchien an, in denen Entscheidungen schneller getroffen werden können und die Beziehung zu Vorgesetzten in einer vertrauensvollen Atmosphäre stattfindet (Eilers & Rump, 2013a). Die Organisation in steile Hierarchien resultiert in einer mangelnden Flexibilität, sowie verlangsamten Kommunikation und einem geringeren Informationsfluss, wodurch ein Unternehmen an Attraktivität verlieren kann.

Ein weiterer wichtiger Aspekt, der die Generation Y in einer Weise kennzeichnet, die bis jetzt noch nicht deutlich wurde, ist der Wunsch nach Feedback. In Deutschland gaben 32% der Befragten der Millennial-Studie an, dass sie sich eine Rückmeldung von ihren Vorgesetzten wünschen. Sie wünschen sich ein häufigeres Feedback, als es aktuell praktiziert und durch die üblichen Jahresgespräche gegeben wird (Universum Global, 2014). Ehrliches und regelmäßiges Feedback sollte somit zu einem festen Bestandteil der Führungskultur werden, da es sich enorm auf die Motivation der Arbeitnehmer auswirkt. Ein Unternehmen sollte mit Hilfe eines angemessenen Feedbacks dem starken Wunsch nach Selbstverwirklichung der jungen Generation nachgehen und Möglichkeiten zu ebendieser identifizieren. Hierbei muss berücksichtigt werden, dass eine Selbstverwirklichung der Mitarbeiter nur in solchen Bereichen ebenfalls Vorteile für das Unternehmen erbringt, wie sie die Effizienz und die Motivation der Mitarbeiter erhöht und fördert (Parment, 2013).

In der ganzheitlichen Betrachtung des beruflichen Umfeldes sind junge Berufseinsteiger, in Abgrenzung zu ihren Vorgängergenerationen, zufriedener mit ihrem Arbeitsplatz, der vorliegenden Arbeitsplatzsicherheit, einer angemessenen Wertschätzung, sowie den Möglichkeiten zur Weiterentwicklung und Karriereentwicklung. Ähnliche Werte zu den Baby-Boomern und den Angehörigen der Generation X zeigen sich hierbei in der Zufriedenheit mit den vorherrschenden Sozialleistungen sowie der Bezahlung und der Arbeit im Gesamten, wie eine Studie von Kowske, Rasch und Wiley (2010) mit amerikanischen Arbeitnehmern (N=115.044) zeigte.

3 Work-Life-Balance

In den vergangenen Jahren erlangte der Aspekt der Work-Life-Balance eine wachsende Aufmerksamkeit. Der erste Teil dieses Kapitels behandelt die Begriffsbestimmung und Abgrenzung der Work-Life-Balance. Die Bedeutung dieses Konstrukts wird durch die Einführung und Implementierung unterschiedlicher Maßnahmen in der betrieblichen Praxis deutlich. Die Veränderungen stellen hierbei eine Reaktion der Unternehmen auf die wandelnden Erwartungen der Arbeitnehmer an ihren Arbeitgeber dar. Sie sind als notwendige Initiative zur Förderung der Mitarbeitergesundheit und als Marketingmaßnahme zur Gewinnung neuer Arbeitnehmer realisiert worden. Im zweiten Teil des vorliegenden Kapitels wird auf die Maßnahmen zur Förderung der Work-Life-Balance Bezug genommen, die in ihrem Angebot und ihrer Umsetzung Gegenstand vieler Unternehmen sind.

3.1 Definition und Entwicklung der Work-Life-Balance

Die Work-Life-Balance stellt einen unpräzisen Begriff dar, der in seiner theoretischen Fundierung kein einheitliches Konstrukt beschreibt, sondern genauer betrachtet ein ganzes Themengebiet widerspiegelt. In dessen thematischem Vordergrund stehen hierbei Fragen zum Zusammenspiel und Wirken von Berufs- und Privatleben (Wiese, 2015).

Im Dorsch wird das Konstrukt an diesem Punkt wie folgt definiert:

> „Work-Life-Balance [...] befasst sich mit der Entwicklung innerbetrieblicher Lösungen zur Vereinbarkeit von Beruf und Familie" (Bailyn, L., Fletcher, J.K., Pruitt, B.H. & Rapoport, R., 2001; Harvard Business Review, 2000, S.1804).

Das Bundesministerium für Familie, Senioren, Frauen und Jugend fügt in einer Publikation 2005 weiterhin hinzu:

> „Work-Life-Balance bedeutet eine neue, intelligente Verzahnung von Arbeits- und Privatleben vor dem Hintergrund einer veränderten und sich dynamisch verändernden Arbeits- und Lebenswelt" (S.4).

Der Begriff Work-Life-Balance ist an dieser Stelle oftmals irreführend, da die Erwerbsarbeit einen Teil des Lebens darstellt und nicht, wie mit dem Begriff impliziert, einen dem Leben gegenübergestellten Bereich. Dies führt dazu, dass an einigen Stellen Kritik gegenüber diesem Konstrukt geäußert und nach alternativen Bezeichnungen geforscht wird. Ulich und Wiese (2011) stellen dem das Konzept der *Life Domain Balance* gegenüber, welches eine konzeptuelle Erweiterung der

Work-Life-Balance darstellen soll. Das Konstrukt umfasst hierbei die Annahme, dass es neben der Arbeit und dem Privatleben noch weitere relevante Lebensbereiche und Kontexte gibt, deren Berücksichtigung die Work-Life-Balance nicht vollzieht (Ulich & Wiese, 2011).

Besonders in den vergangenen Jahren wurde wahrnehmbar, dass das Humankapital als eine der wichtigsten Ressourcen heutiger Unternehmen gepflegt und geschützt werden muss (Klimpel & Schütte, 2006). Die Schaffung von gesundheitsfördernden Arbeits- und Organisationsbedingungen soll die Annahme stützen, dass gesunde und zufriedene Mitarbeiter bessere Leistungen erbringen und effektiver arbeiten (Peschke & Schneider, 2010). Doch durch ebendieses in den Fokus stellen und die enorme Zahl an Studien zu diesem Thema entstehen oftmals Probleme. Es wird an verschiedenen Stellen versucht, Maßnahmen zu benennen und die Balance durch geeignete Instrumente sicherzustellen; der Hintergrund der Forscher ist hierbei oft ein ganz unterschiedlicher. Auf Basis unzähliger Untersuchungen fällt es schwer, geeignete Instrumente zu finden, die für das persönliche und unternehmerische Interesse geeignet erscheinen. Ebenso häufig stellt sich hierbei die Frage, wieso das Konstrukt aktuell als so wichtig und relevant erachtet wird, wenn doch die Bereiche des Berufes und des Privatlebens schon seit der Erwerbstätigkeit des Menschen vereinbart werden müssen.

Betrachtet man an dieser Stelle die Historie der Work-Life-Balance, so liegt ihr Ursprung in den USA, wo das Thema bereits in den 1980er Jahren an Relevanz gewann. In diesem Zusammenhang wurde eine erste Forderung nach einer stärkeren Humanisierung der Arbeit laut (Freier, 2005).

Die Wichtigkeit der Work-Life-Balance nahm in Folge der Entwicklungen dieser Zeit zu. Ein Wandel in der vorherrschenden Situation und in den Bedürfnissen der Menschen wurde spürbarer, wodurch die Ausarbeitung eines Konzeptes, welches die Aspekte Arbeit und Freizeit verbindet, notwendig zu sein schien. Dies resultiert vor allem auch aus dem verstärkt vorfindbaren Modell der Doppelverdienerpartnerschaft, in der beide Partner, trotz einer gemeinsamen Familienplanung und –gestaltung, einer Erwerbstätigkeit nachgehen möchten. Die Realisierung einer solchen Balance stellt sich in der Praxis jedoch als schwierig dar, da Konflikte aus den Anforderungen der beiden Bereiche resultieren und auch in ihrem Zusammenspiel mit persönlichen Zielen immer schwieriger zu vereinbaren sind. Personen können aufgrund der Komplexität und Verantwortung in ihrem Beruf nicht mehr eindeutig zwischen den Rollen als Berufsperson und Privatperson trennen und agieren infolgedessen als ganze Person in beiden Bereichen. Dadurch werden Ressourcen verbraucht, die ursprünglich nur von einer Rolle gefordert wurden, nun jedoch in beiden Bereichen eingesetzt werden (Hoff, Grote, Dettmer, Hohner & Olos, 2005). Die Darstellungen zur Generation Y in Kapitel 2.2.3 unterstreichen dieses Bedürfnis nach der Vereinbarkeit von Familie und Beruf im Zusammenspiel mit einem zunehmenden Bestreben nach Karriere und beruflichem Erfolg.

Die Erwerbstätigkeit hat besonders bei Frauen bei gleichzeitiger Mutterschaft an Bedeutung gewonnen. Daher ist es nicht verwunderlich, dass sie sich in ihrer arbeitszentrierten Lebensgestaltung immer mehr den Männern angleichen. Da die Bedeutung des Familienlebens für männliche Arbeitnehmer nicht in gleichem Maße zugenommen hat, kennzeichnet die Integration von Familie und Beruf besonders die weiblichen Erwerbstätigen. Dies führt dazu, dass in vielen der Studien die Zielgruppe Frau im Fokus steht und Auswirkungen auf weibliche Personen stärker erforscht werden, als bei männlichen Probanden (Hoff et al., 2005). Carney, Evans und Wilkinson (2013) griffen diesbezüglich in ihrer Publikation auf, dass auch gesundheitsorientierte Angebote von Männern sichtbar weniger in Anspruch genommen werden, als sie es von Frauen getan werden. Viele Männer unterliegen hierbei nach wie vor dem Vorurteil, dass eine Inanspruchnahme solcher Angebote sozial nicht erwünscht sei und sich eine Feststellung psychischer und emotionaler Probleme negativ auf ihr soziales Ansehen auswirken würde (Aldoory, Jiang, Toth, & Sha, 2008; Cochran & Rabinowtiz, 2000; zitiert nach Carney, Evans & Wilkinson, 2013). Daher können einige der Effekte bei Männern noch nicht in gleichem Maße vorhergesagt werden, wie bei weiblichen Personen (Burton, Chang & McDonald, 2010).

In aktuellen Studien wird deutlich, dass junge Berufseinsteiger ein besonderes Augenmerk auf nicht-monetäre Anreize eines Arbeitgebers legen. Eine Studie Kienbaums aus dem Jahr 2014 zeigte, dass für 61% der Befragten die Work-Life-Balance als Kriterium für die Entscheidung zugunsten eines Arbeitgebers ausschlaggebend wäre. Damit liegt die Work-Life-Balance hinter einer kollegialen Arbeitsatmosphäre (65%) auf Platz 2 (Kienbaum Communications GmbH & Co. KG, 2014). Diese Bedeutung der Work-Life-Balance bei der Arbeitgeberwahl beeinflusst die zunehmende Implementierung entsprechender Maßnahmen seitens der Unternehmen. Die Continentale Krankenversicherung führte 2013 eine Studie zu eben solchen Maßnahmen des betrieblichen Gesundheitsmanagements und der Wahrnehmung dieser unter den Arbeitnehmern durch. 63% der Befragten benannten die Arbeitsplatzgestaltung als sinnvollste Maßnahme des betrieblichen

Gesundheitsmanagements, noch vor flexiblen Arbeitszeiten und gesunder Ernährung (Die Continentale Krankenversicherung, 2015b). Im Hinblick auf eine entsprechende Umsetzung gaben 59% der Arbeitnehmer an, dass flexible Arbeitszeiten in ihrem Unternehmen bereits vorliegen. Dies deckt sich mit Ausführungen von Klimpel und Schütte (2006), die besagen, dass besonders die Auflösung der starren Erwerbsarbeitszeiten zugenommen hat und als erster Schritt zur Verbesserung der Work-Life-Balance durchgeführt wurde. Die gesunde Arbeitsplatzgestaltung lag mit 56% auf Platz 2 und wurde gefolgt von dem medizinischen Angebot (47%). Nur 12% der befragten Arbeitnehmer gaben an, dass keine Maßnahmen vom Arbeitgeber angeboten wurden (Die Continentale Krankenversicherung, 2015a). Dies macht deutlich, dass die Unternehmen dem Bedürfnis einer positiven Work-Life-Balance in einigen Bereichen bereits nachkommen. Die Wahrnehmung und der Wunsch nach unternehmerischen Hilfestellungen unterscheiden sich hierbei jedoch je nach Position deutlich. Ierodiakonou und Stavrou (2015) untersuchten in ihrer Studie ebendiese Wahrnehmung in der Zielgruppe der Angestellten im Vergleich zu Managern. Es nahmen 21.031 Manager und 5.232 Angestellte aus 21 Ländern an dieser Untersuchung teil. Hierbei fanden sie heraus, dass Angestellte die Verantwortung des Unternehmens im Hinblick auf eine Unterstützung der individuellen Work-Life-Balance als deutlich höher ansahen als Manager. Für Probanden, die im Angestelltenverhältnis beschäftigt waren, zeigte sich, dass diese eine höhere Aktivität des Unternehmens zugunsten der eigenen Gesundheit fordern. Diese Forderungen wurden vonseiten der Manager, die in einer höheren Hierarchieebene tätig sind und eine häufige Zielgruppe für psychische und physische Erkrankungen darstellen, nicht geäußert (Ierodiakonou & Stavrou, 2015).

Um den Bedeutungszuwachs der Work-Life-Balance an dieser Stelle weiter zu kennzeichnen und auf die veränderten Anforderungen und Bedürfnisse der Generation Y hin auszurichten, wird das Konstrukt auch losgelöst von Deutschland untersucht. Die internationale Millennial-Studie des Universum Global zeigte Anfang des Jahres 2015, dass weltweit nahezu drei Vierteil der Teilnehmer einen Arbeitsplatz, der eine gute Work-Life-Balance bietet, gegenüber einem hohen Gehalt vorziehen würden. Dieser Effekt wurde auch bei den deutschen Teilnehmern deutlich, unter denen nur 19% ein hohes Gehalt höher priorisierten. Die Aspekte, die für die Teilnehmer bei der Work-Life-Balance wichtig sind, unterliegen hierbei regionalen Unterschieden, genauso wie die Schwerpunkte des eigenen Lebens. Es wird dahingehend deutlich, dass eine ausgewogene Work-Life-Balance nicht nur in Deutschland, sondern weltweit gewünscht ist. Bei genauerer Betrachtung birgt sie international jedoch unterschiedliche Erwartungen in sich, die je nach Region variieren können (Universum Global, 2015a).

3.2 Maßnahmen zur Förderung der Work-Life-Balance

Die oben beschriebenen Entwicklungen führten zu einer immer größer werdenden Notwendigkeit, Work-Life-Balance-Maßnahmen im Berufsalltag der Unternehmen zu integrieren. Infolgedessen wurden verschiedene Angebote, determiniert durch gesellschaftspolitische Rahmenbedingungen, in den Unternehmensalltag implementiert. Im nächsten Abschnitt werden einige Maßnahmen exemplarisch vorgestellt, die jedoch nur einen Auszug aus möglichen, in der Praxis anzutreffenden, Instrumenten darstellen.

Zunächst wird unter Punkt 3.2.1 auf flexible Arbeitszeiten und Vertrauensarbeitszeit eingegangen bevor unter Abschnitt 3.2.2 die (Alters-) Teilzeit thematisiert wird. Anschließend werden die Telearbeit (3.2.3), das Sabbatical (3.2.4) und betriebliche Gesundheitsmaßnahmen (3.2.5) vorgestellt. Im Hinblick auf die Vielfalt sind diese Maßnahmen und deren Umsetzung abhängig von Aspekten der Unternehmensgröße, Branche, Mitarbeiterzahlen und weiteren Einflüssen. Die einzelnen Maßnahmen werden somit in der Praxis unterschiedlich gelebt und sind an verschiedene Bedingungen geknüpft.

3.2.1 Flexible Arbeitszeiten und Vertrauensarbeitszeit

Das am häufigsten anzutreffende Modell, welches in Kapitel 3.1 bereits erwähnt wurde, ist das Arbeitszeitmodell, das an die Bedürfnisse der Mitarbeiter zunehmend angepasst wurde. Vermehrt wird der Fokus auf flexible Modelle gelegt, wodurch die zeitlichen Ressourcen für den Arbeitnehmer zu einem selbstbestimmbaren Faktor werden. Stempelkarten zur Zeiterfassung werden ausweitend durch Vertrauensarbeitszeiten ersetzt, sodass die Wertschätzung und das Vertrauen in den Mitarbeiter verstärkt werden und ein positiveres Arbeitsklima geschaffen wird. Es wird eine offene Unternehmenskultur implementiert und die Arbeitszufriedenheit erhöht. Unternehmen, die Arbeitszeitmodelle flexibel gestalten und auf Vertrauensarbeitszeit setzen, werden als moderner und attraktiver wahrgenommen, sodass ein Unternehmensimagegewinn zu verzeichnen ist (Böhm, Herrmann & Trinczek, 2004).

Jedoch birgt der Aspekt der Vertrauensarbeitszeit auch versteckte Risiken. Aufgrund der indirekten Abschaffung von Arbeitszeiten werden auch Überstunden oftmals nicht deutlich. Leistungsorientierte Arbeitnehmer stehen so vor der Gefahr, einer Überforderung durch Überlastungsprobleme ausgesetzt zu sein, da kein festes Ende des Arbeitstages vorgesehen ist. Zudem kann die Arbeitszeit nicht überwacht werden und auch bei einer Unterforderung werden freie Ressourcen nicht erkannt. Hinzukommend entstehen Schwierigkeiten in der Leistungsbemessung, da die Leistung lange Zeit an die Arbeitszeit als zentrales Instrument der Leistungsbegrenzung gekoppelt wurde (Böhm et al., 2004).

Die Umsetzung dieser Maßnahmen im unternehmerischen Alltag zeigt, dass die Arbeitszeit als ein Kerninstrument im Zusammenhang mit der Work-Life-Balance erscheint und hier eine starke Veränderung stattgefunden hat. Erwerbsarbeitszeitforschungen machen deutlich, dass sich die Zahl der Arbeitnehmer, die zu festen Arbeitszeiten tätig sind, verringert hat. Eine Studie von Klimpel und Schütte zeigte, dass bereits 2006 nur noch 29,4% der Arbeitnehmer im starren Arbeitszeitverhältnis arbeiten. Neuere Zahlen liefert zudem das Institut der deutschen Wirtschaft Köln, welches in einer Untersuchung aus dem Jahr 2012 zeigte, dass 63,5% der Unternehmen ihren Arbeitnehmern flexible Tages- und Wochenarbeitszeiten angeboten haben (Flüch & Stettes, 2013). Es könnte an dieser Stelle vermutet werden, dass weiterhin zunehmend mehr Arbeitnehmer in flexiblen Arbeitszeitmodellen beschäftigt sein werden. Dies lässt sich jedoch aufgrund wachsender individueller Arbeitsmodelle nicht explizit messen. Hinzukommend lieferten Collinson und Ford (2011) in ihrer Forschung Anhaltspunkte dafür, dass leitende Arbeitnehmer eine erhebliche Diskretion ihrer Arbeitszeit vornahmen, obwohl besonders diese Zielgruppe unter erheblichem Druck steht. Anstatt die mit ihrer Position einhergehenden Aspekte der Flexibilität in Aktivitäten mit der Familie und in die Freizeit zu investieren, entschieden sie sich für lange Arbeitszeiten, wodurch private Bereiche benachteiligt wurden (Collinson & Ford, 2011). Arbeitszeiten und Überstunden werden in diesem Kontext so oftmals nicht deutlich, wie im späteren Verlauf herausgearbeitet wird.

3.2.2 Teilzeit und Altersteilzeit

Durch den Versuch der Arbeitnehmer neben der Familie weiterhin erwerbstätig zu sein und gegebenenfalls die Erziehung zwischen den beiden Elternteilen in ihrem zeitlichen Umfang aufzuteilen, steigt die Anzahl derer, die in Teilzeitmodellen arbeiten. Neben diesen Arbeitnehmern, die in einer Teilzeitbeschäftigung tätig sind, nimmt auch die Zahl der Altersteilzeiten zu. Aufgrund des erhöhten Renteneinstiegsalters ermöglichen viele Unternehmen ihren Mitarbeitern ab einem bestimmten Alter die Teilzeittätigkeit anzutreten und ihrer Position bei einer geringeren Stundenzahl nachzukommen (Klimpel & Schütte, 2006).

Die Gründe für einen Teilzeitwunsch sind hierbei ganz unterschiedlich. Während, wie bereits in Kapitel 2.2.3.3 dargestellt, besonders häufig Frauen einer Teilzeitbeschäftigung nachkommen, nimmt auch die Zahl der Männer, die in einer solchen Beschäftigung tätig sind, zu. 2014 befanden sich 57,8% aller erwerbstätigen Frauen und 20,1% der erwerbstätigen Männer in einer Teilzeitanstellung (Wanger, 2015). Im Vergleich zum Jahr 1991 nahm die Teilzeitquote der Frauen damit um etwa 22 Prozentpunkte zu (1991: 35%), die Quote der Männer hat sich in diesem Zeitvergleich sogar vervierfacht (1991: 4,4%). Männer üben an dieser Stelle eine Teilzeitarbeit besonders während ihres Studiums oder ihrer Ausbildung aus (26%) oder weil sie keine Vollzeitstelle finden (27%). Für Frauen lagen die Motive hierbei häufiger im familiären Bereich. Sie führten insbesondere die Betreuung von Kindern oder Pflegebedürftigen als Gründe gegen eine Vollzeit-Stelle an (Wanger, 2015). Oftmals liegen die Gründe aber auch in einer erwünschten Erhöhung der Lebensqualität oder in dem Bedürfnis nach der Entfaltung der Persönlichkeit, beispielsweise durch die verstärkte Teilnahme an verschiedenen Lebensbereichen (Schär Moser, 2002; zitiert nach Ulich & Wiese, 2011, S.120).

3.2.3 Telearbeit

Telearbeit umschreibt eine berufliche Tätigkeit, die räumlich losgelöst vom Standort des Arbeitgebers ausgeführt wird. Mithilfe technischer Arbeitsmittel werden die beruflichen Aufgaben ausgeführt und die Ergebnisse über Datenleitungen transportiert (Gröpler & Rensmann, 1998).

In diesem Zusammenhang werden sowohl Chancen als auch Risiken dieser Arbeitsform genannt. Die Chancen zeigen sich hierbei besonders zugunsten des Arbeitnehmers, der einer autonomen Zeiteinteilung für berufliche Tätigkeiten und familiäre Verpflichtungen nachkommen kann. Die Anwesenheit zu Hause zur Kinderbetreuung kann finanzielle Aspekte einer Tagesmutter oder eines frühzeitig notwendigen Kita-Platzes reduzieren. Des Weiteren erfolgt eine Reduzierung der negativen Auswirkungen und Folgen von familiären Aufgaben auf die berufliche Laufbahn (Gröpler & Rensmann, 1998). Diese Aspekte finden sich besonders in der heimbasierten Telearbeit wieder, die eine mögliche Form neben der mobilen Telearbeit darstellt und im weiteren Verlauf erläutert wird. Die Risiken, die die Form der Arbeit mit sich bringt, betreffen insbesondere die Qualität und Zeit der Arbeit. Zu lange Arbeitszeiten werden oftmals nicht wahrgenommen und resultieren in Überstunden, da man den beruflichen, sowie den privaten Alltag innerhalb der gleichen Räumlichkeiten verbringt und keinen Standortwechsel vornehmen muss. Die zeitlichen und räumlichen Grenzen zwischen Arbeit und Familie lösen sich auf und führen verstärkt zu Rollenkonflikten zwischen den beiden Lebensbereichen (Gröpler & Rensmann, 1998).

Reine Telearbeit wird an dieser Stelle als unbefriedigend und unwirtschaftlich erachtet. Für erfolgsversprechend halten Experten eine Mischung aus Telearbeit zu Hause und Büroarbeit im Unternehmen. Dies lässt sich auch auf die soziale Bindung zum Arbeitgeber und den Kollegen zurückführen, die bei übermäßigem Arbeiten von zu Hause negativ beeinflusst wird (Gröpler & Rensmann, 1998). Hinzukommend ist diese Arbeitsform nicht für jeden Arbeitnehmer gleichermaßen geeignet, wie eine Studie von Müller aus dem Jahr 2001 gezeigt hat. An dieser Untersuchung zu den dispositionellen Bedingungsfaktoren von Telearbeit nahmen 45 Personen teil, unter denen sich 24 Telearbeiter und 21 normale Büroangestellte befanden. Die Ergebnisse der Studie zeigten, dass die Fähigkeit zur erfolgreichen Ausübung der Telearbeit von der Ausprägung selbstständigkeitsrelevanter Persönlichkeitsmerkmale abhängig ist. Die untersuchten Telearbeiter verfügten über eine stärkere Ausprägung dieser Merkmale im Vergleich zu Angestellten an üblichen Büroarbeitsplätzen. Am differenzierungsfähigsten waren hierbei die Merkmale Leistungsmotivstärke, Problemlöseorientierung und Unabhängigkeitsstreben (Müller, 2001).

Die beiden Hauptarten der Telearbeit werden in den folgenden Abschnitten dargestellt. Des Weiteren gibt es abweichende Formen, die oftmals individuell im Unternehmen verhandelt werden.

3.2.3.1 Heimbasierte Telearbeit

Die heimbasierte Telearbeit findet am häuslichen Arbeitsplatz des Mitarbeiters statt. Die Arbeitsaufträge und Ergebnisse werden hierbei über Datenleitungen zwischen Unternehmen und Mitarbeiter versendet und somit wird die tägliche Fahrt ins Büro aufgehoben (Klimpel & Schütte, 2006). Besonders durch die zunehmende Bedeutung der Vereinbarkeit von Familie und Beruf werden Heimarbeitsplätze immer stärker in Anspruch genommen und Telearbeitszeiten festgelegt. Die meisten Arbeitnehmer streben die ausschließliche Beschäftigung in Form heimbasierter Telearbeit jedoch nicht an. Dies liegt besonders am Fehlen der sozialen Kontakte zu den Arbeitskollegen und damit einhergehend dem Gefühl der fehlenden Betriebszugehörigkeit (Klimpel & Schütte, 2006). Die meisten

Arbeitnehmer, die eine Form der heimbasierten Telearbeit wahrnehmen wollen, favorisieren daher eine alternierende Tätigkeit. Die alternierende Telearbeit stellt die Mischform aus Heimarbeit und der Tätigkeit im Unternehmen dar, sodass nicht die gesamte Arbeitszeit am Heimarbeitsplatz verbracht wird (Gröpler & Rensmann, 1998).

3.2.3.2 Mobile Telearbeit

Die mobile Telearbeit kennzeichnet sich durch eine vollständige Loslösung von einem festen Arbeitsplatz und umschreibt die ortsunabhängige Arbeit mithilfe mobiler Kommunikationsmittel. Diese Form der Telearbeit ist überwiegend bei Außendienstmitarbeitern und Vertriebsmitarbeitern vorzufinden, die aufgrund ihrer Funktionsbeschreibung hauptsächlich an unterschiedlichen Orten tätig sind. Hierbei führen Angestellte, die dieser Erwerbsform nachgehen, ihre benötigte Technik mit sich und waren ursprünglich nur auf entsprechende Telekommunikations-Anschlüsse bei ihren Kunden oder in ihrer Unterkunft angewiesen. Durch die starke Entwicklung der Smartphones in diesem Bereich sind sie heutzutage zum Teil komplett unabhängig von Anschlüssen (Gröpler & Rensmann, 1998).

3.2.4 Sabbatical

Das Sabbatical beschreibt einen Langzeiturlaub, der vom Unternehmen genehmigt wird und eine Sicherstellung des Jobs nach der Zeit beinhaltet. Der Begriff bezieht sich auf den jüdischen Sabbat, der einen Tag der Arbeitsruhe und geistigen Erneuerung darstellt (Sima, 2000). Die Bedingungen für eine solche Auszeit sind meist sehr unterschiedlich und müssen individuell mit dem Arbeitgeber ausgehandelt werden. Entscheidende Aspekte sind hierbei die Unternehmensgröße, die vorherrschende Kultur und die Dauer der Betriebszugehörigkeit (Klimpel & Schütte, 2006). An dieser Stelle ist dem Arbeitnehmer freigestellt aus welchen Gründen er ein Sabbatical in Anspruch nimmt, jedoch sind unabhängig von den Motiven die Auslöser oftmals im Bereich der Motivationslosigkeit und einer zunehmenden Unzufriedenheit am Arbeitsplatz zu finden. Nach einer gewissen Zeit der Betriebszugehörigkeit stellen sich Routinetätigkeiten ein, die den Arbeitnehmer oft ermüden und zu einer notwendigen Auszeit führen (Klimpel & Schütte, 2006).

Eine Studie von Cohen-Charash et al. (2010) lieferten empirische Ergebnisse für einen positiven Effekt des Sabbaticals. Die Untersuchung wurde an 10 Universitäten in Israel, Neuseeland und den USA durchgeführt und es wurden 129 Hochschullehrer, die ein Sabbatical absolviert haben und 129 Probanden in der Kontrollgruppe befragt. Die Ergebnisse zeigten, dass ein salutogenetischer Effekt einer Ruhepause auf das subjektive Wohlbefinden vorliegt. Durch eine solche Ruhepause wird das negative Wohlbefinden vermindert und das positive Wohlergehen erhöht. Zudem wurden vorherige Ergebnisse repliziert, die besagten, dass solche positiven Erholungserfahrungen Stress und Burnout reduzieren (Cohen-Charash et al., 2010). Ein weiterer Aspekt entstammt der örtlichen Verbringung eines Sabbaticals. Sabbaticals, die im Ausland verbracht werden, sind vorteilhafter und effektiver als solche, die zu Hause verlebt werden. Auslandsaufenthalte haben hierbei einen größeren Effekt auf die positive Entwicklung und Zunahme der Ressourcen erzielt (Cohen-Charash et al., 2010).

3.2.5 Betriebliche Gesundheitsmaßnahmen

Im Bereich des betrieblichen Gesundheitsmanagements lassen sich viele Instrumente finden, die in Unternehmen umgesetzt werden. Einige dieser Maßnahmen[2] werden im folgenden Kapitel dargestellt, gleichwohl sie in der konkreten Ausgestaltung variieren können. Es zeigt sich an dieser Stelle, dass einige Instrumente als unmittelbare Reaktion auf vorliegende Bedürfnisse der Mitarbeiter initiiert wurden. Die heute angebotenen Möglichkeiten sollen demnach verstärkt eine mehrheitliche Vereinbarkeit von Beruf und Familie ermöglichen (Bamberg & Resch, 2005).

3.2.5.1 Sportangebote

Sport stellt für viele Arbeitnehmer einen sehr bedeutenden Ausgleich zur Arbeitswelt dar. Dieser Aspekt wird auch von Unternehmen in ihren Angeboten für Mitarbeiter immer mehr aufgenommen (Bundesministerium für Familien, Senioren, Frauen und Jugend, 2005). Viele Unternehmen bieten in diesen Tagen unterschiedliche Sportprogramme an, wie etwa Yoga-Kurse, Fitnessboxen oder Pilates. Ziel hierbei ist es, das Gesundheitsbewusstsein der Mitarbeiter zu stärken und Sportarten als gesundheitsförderliche und präventive Maßnahmen einzusetzen (Bundesministerium für Familien, Senioren, Frauen und Jugend, 2005). Besonders auch durch Kurse im Kraftsportbereich sollen überschüssige Energien in ei-

---

[2] Die folgenden Maßnahmen stellen einen Überblick über mögliche Instrumente der Praxis dar und entstammen einem Dienstleistungsunternehmen, in welchem die Autorin während ihres Praxissemesters beschäftigt war.

nem anderen Kontext entladen und mögliche Frustrationen auf diesem Wege abgebaut werden.

Dass Sport in der Gesellschaft eine zunehmende Bedeutung erlangt, zeigen auch steigende Mitgliedschaftszahlen in Fitnesscentern in den letzten Jahren. Die Deutsche Hochschule für Prävention und Gesundheitsmanagement zeigte gemeinsam mit weiteren Institutionen die Entwicklung der Mitgliederzahlen in deutschen Fitnessclubs auf. Lag die Zahl der Fitnessbesucher 2003 noch bei 4,38 Millionen, so ist sie bis 2014 auf 9,08 Millionen gestiegen (Deutsche Hochschule für Prävention und Gesundheitsmanagement, Deloitte & Deutscher Sportstudio Verband, 2015). Dies leitet viele Unternehmen dazu, Kooperationen mit regionalen Fitnesscentern einzugehen, die den Arbeitnehmern Rabatte einbringen und die sportliche Aktivität ergänzend fördern sollen.

Des Weiteren beinhalten sportliche Aktivitäten eine Reihe nützlicher Funktionen für das Unternehmen. Eine Studie von Burlot, Pichot und Pierre (2015) machte deutlich, dass Sport im Zusammenwirken mit anderen Personen die Kommunikation anregt und den Zusammenhalt fördert. Zudem wird die Motivation der Mitarbeiter erhöht und es zeigt sich eine Schulung verschiedener Kompetenzen. Diese Eigenschaften sind, zusätzlich zum Nutzen für die Mitarbeiter, auch für das Unternehmen von Vorteil. Sport in jeglicher Form fördert die Eigenleistung und die Entstehung eines qualifizierten Bildes sowohl der eigenen Person als auch anderer, wie Burlot, Pichot und Pierre zeigten. Durch die zunehmende Selbstverständlichkeit sportlicher Angebote seitens des Unternehmens muss dieser Aspekt notwendigerweise mit erhöhter Priorität betrachtet und umgesetzt werden (Burlot et al., 2009).

3.2.5.2 Health- & Wellness-Programme

Zwei weitere Aspekte stellen neben dem Sport die Ernährung und das Wohlempfinden der Mitarbeiter dar. Die zentrale Annahme, dass zufriedene und gesunde Mitarbeiter leistungsfähiger, motivierter und effektiver arbeiten, begünstigt die Implementierung von Instrumenten, die einen Einfluss auf Gesundheit und Stimmung der Mitarbeiter ausüben sollen (Peschke & Schneider, 2010).

Zur Steigerung des Gesundheitsbewusstseins werden dem Mitarbeiter beispielsweise in kostengünstigerer Weise (in einigen Institutionen sogar kostenfrei) bereits auf dem Markt etablierte Ernährungsprogramme angeboten. Wöchentliche Kurse im Unternehmen schulen das eigene Wissen in diesem Bereich und fördern eine ausgewogene und gewichtsreduzierende Ernährung. Ein bekanntes Beispiel stellt hierbei das Programm Weight Watchers dar.

Neben solchen Ernährungsangeboten gibt es weiterhin Maßnahmen im Massagebereich, die das Wohlbefinden steigern und die Motivation der Mitarbeiter verbessern sollen. Entspannungstechniken und Rückentrainings ermöglichen hierbei das Einwirken auf große Einflussfaktoren der körperlichen Gesundheit von Mitarbeitern am Arbeitsplatz, wirken präventiv und dienen zur Senkung der Krankheitsquoten (Bundesministerium für Familien, Senioren, Frauen und Jugend, 2005). Das Anbieten von verschiedenen Gesundheitschecks und Aktionstagen ermöglicht es hierbei, dass sich Mitarbeiter auf eigenen Wunsch und bezogen auf das eigene Interesse erkundigen können. Neben dem individuellen Nutzen für die Mitarbeiter wird durch solche Angebote ebenfalls das Gesundheitsbewusstsein gesteigert, sodass sich Effekte in den Fehlzeiten und Krankentagen der Mitarbeiter zeigen können (Bundesministerium für Familien, Senioren, Frauen und Jugend, 2005). Die Bandbreite der Maßnahmen in diesem Bereich ist sehr groß und kann unterschiedlich ausgestaltet werden. In Abhängigkeit von Größe und Organisation des Unternehmens variieren die Instrumente daher sehr stark.

4 Zielsetzung der empirischen Analyse zur Bedeutung der Work-Life-Balance für Berufseinsteiger

Ziel der vorliegenden Arbeit ist es herauszufinden, welche Bedeutung Berufseinsteiger der Work-Life-Balance beimessen. Hierfür werden die Aspekte der vorhergehenden Kapitel anhand einer empirisch durchgeführten Untersuchung überprüft. Um die einzelnen Konstrukte in ihrer Ausprägung testen zu können, werden zur Messung vorab Hypothesen auf Basis der aktuellen Forschung formuliert.

4.1 Hypothesen

Um die vorliegende Fragestellung genauer untersuchen zu können, wurden neun Hypothesen gebildet. Anhand dieser lässt es sich ermitteln, wie die Bedeutung der Work-Life-Balance für Berufseinsteiger, am Beispiel von Studierenden, zu bewerten ist.

Die Hypothesen werden auf Grundlage der theoretischen Fundierungen dargestellt, wobei sowohl die aktuelle Forschungslage zur Work-Life-Balance, wie auch die zur Generation Y hinzugezogen werden.

4.1.1 Geschlechtsspezifische Unterschiede in der Bedeutung

Schon vor Eintritt in den Beruf zeigen sich geschlechtsspezifische Unterschiede in der Bedeutung der Work-Life-Balance. Während für Männer das Einstiegsgehalt ein wichtiges Kriterium bei der Arbeitgeberwahl darstellt, wird dieses Entscheidungskriterium für Frauen oftmals durch Aspekte der Work-Life-Balance ersetzt. 73% der Befragten der Millennial-Studie der Universum Global (2015b) gaben an, dass ihnen die Work-Life-Balance wichtiger sei als ein hohes Gehalt. Hierbei war die Befürwortung bei weiblichen Probanden höher als bei männlichen Befragten. Für weibliche Berufseinsteiger stellen diese Bereiche einen bedeutenden Aspekt der Arbeitgeberwahl da, was bereits in einigen der aufgeführten Studien deutlich wurde. Es zeigt sich dadurch, dass Frauen ein besonderes Interesse an der Integration sowie der Balance der Lebenssphären haben. Bei Männern dahingegen wird eine spürbare Segmentation mit Dominanz des Berufes deutlich. Die Männer gaben in einer Untersuchung von Hoff et al. (2005) an, dass sie mehr Abstriche im Familienleben zugunsten des Berufes machen, als ihre weiblichen Kolleginnen in gleichen Positionen. Befragt wurden an dieser Stelle 936 berufstätige Psychologen und Mediziner (Hoff et al., 2005). Somit ist auch die Betrachtung der langfristigen Karriereziele mit diesen Ergebnissen in Einklang zu bringen.

Universum Global führte zwischen Oktober 2014 und April 2015 eine Young Professional Umfrage unter 7.810 Berufstätigen mit Hochschulabschluss durch. Die Probanden waren hierbei maximal 40 Jahre alt und verfügten über mindestens ein bis acht Jahre Berufserfahrung nach dem Studium. Für 68% der befragten weiblichen Berufseinsteiger stellt eine vorhandene Work-Life-Balance ein wichtiges Karriereziel dar, dies gilt jedoch nur für 55% der männlichen Befragten (Universum Global, 2015c).

In Kapitel 2.2.3.3 wurde zudem auf die veränderten Familienstrukturen Bezug genommen. An dieser Stelle wurde deutlich, dass der Anteil der Männer, die in Elternzeit gehen, zugenommen hat, jedoch immer noch deutlich unter der Elternzeit weiblicher Personen liegt. In nur 4,9% der Paar-Haushalte, in denen die Elternzeit genutzt wird, ist der Vater in Elternzeit, entweder gemeinsam mit der Mutter (4,7%) oder als alleiniges Elternteil (0,2%). Dies ist bei einer Elternzeitbeanspruchung von 75% der Paar-Haushalte ein sehr geringer Anteil (Institut für Demoskopie Allensbach, 2005). Für diese Tatsache sprechen verschiedene Gründe, die unterschiedlich stark gewichtet werden. Einen wichtigen Aspekt stellt die finanzielle Situation der Paare dar. Die Einkommensverluste sind, laut Einschätzung der Probanden einer Studie des Instituts für Demoskopie Allensbach, meist spürbar größer, wenn der Mann in Elternzeit geht, als wenn die Mutter die Erwerbstätigkeit unterbricht. Zudem befürchten Väter, die einen Erziehungsurlaub beantragen und nehmen, berufliche Nachteile durch diesen. Hinzukommend spielen aber auch Aspekte der persönlichen Einstellung und der eigenen Kindheit in dieses Phänomen hinein. So möchten viele Männer bewusst die eigene Karriere voranbringen und verzichten daher auf die Elternzeit oder aber kennen es aus ihrer eigenen Familie, dass die Frau für die Kindererziehung aus der Berufstätigkeit zurücktritt (Institut für Demoskopie Allensbach, 2005).

Dieses Ungleichgewicht in der Wahrnehmung und Bedeutung der Familie, führt zu der folgenden Vermutung:

Hypothese 1: Frauen empfinden die Work-Life-Balance gegenüber Männern als wichtiger.

4.1.2 Ausprägungen in Abhängigkeit der familiären Situation

In diesem Abschnitt werden zwei Hypothesen vorgestellt, die die Familiengegebenheiten der Probanden zum Ausgangspunkt haben.

Die Generation Y ist geprägt durch eine Vielzahl von Einzelkindern, wodurch der Aspekt der familiären Situation an Bedeutung gewinnt und eine Betrachtung notwendig erscheint. Durch den starken Drang nach einem individualistischen Lebensstil, nehmen Selbstverwirklichung und persönliche Ziele einen immer größeren Stellenwert ein. Zudem zeigen empirische Befunde, dass ein Zusammenhang zwischen Kinderlosigkeit und Bildungsgrad vorliegt. Eine Studie von Dümmler und Wirth (2005) macht deutlich, dass Frauen mit einem akademischen Abschluss unter allen Gruppen mit einem Anteil von 40% am häufigsten kinderlos bleiben. Die Familiengründung verzögert sich zudem angesichts einer längeren Ausbildungsdauer, wobei sich dies ebenfalls in einem Rückgang der Fertilitätsrate widerspiegeln kann. Das Statistische Bundesamt veröffentlichte in einer Pressemitteilung 2015, dass 26% der minderjährigen Kinder in Deutschland als Einzelkinder aufwachsen. Diese Zahl ist gegenüber 1996 um 2 Prozentpunkte gestiegen. Im Ländervergleich zeigt sich hierbei, dass die Zunahme in Ostdeutschland (+5 Prozentpunkte) deutlich größer ist als in Westdeutschland (+2 Prozentpunkte) (Statistisches Bundesamt, 2015c). Einzelkind-Eltern haben im Vergleich zu Eltern von mehreren Kindern oftmals eine materialistischere und karriereorientiertere Einstellung. Die Familie nimmt an dieser Stelle einen nicht so hohen Stellenwert in der Wertehierarchie ein (Kasten, 1995). Ein-Kind-Eltern sind des Weiteren häufig in der Selbstständigkeit tätig oder haben eine akademische Ausbildung abgeschlossen, sodass sie bewusst und gezielt ihre Ausbildung in Richtung einer Karriere gestaltet haben (Kasten, 1995). Neben den Eltern von Einzelkindern stehen oft auch die Einzelkinder selbst im Fokus, denn diese sind mit vielen Vorurteilen behaftet. Einzelkinder werden in verschiedenen Befragungen und Studien als egoistisch, verzogen und rücksichtlos beschreiben (Kasten, 1995). Dies führt dazu, dass weitverbreitet in der Gesellschaft von einer negativen Auswirkung des Aufwachsens ohne Geschwister auf die Personen gesprochen wird. Bezogen auf solche Vorurteile, zeigen Studien zur Persönlichkeit von Einzelkindern ganz andere Ergebnisse, können die bestehenden Stereotype aber nur schwer aufbrechen und ein Umdenken veranlassen (Kasten, 1995). Gründe hierfür liegen in dem fehlenden Interesse an diesem Thema, sodass keine angemessene Verbreitung durch die Medien stattfindet (Kasten, 1995). Dies führt dazu, dass vorherrschende Meinungen, die bereits seit Jahrzehnten existieren, bestehen bleiben und die Erwartungshaltung bei Einzelkindern selbst wie eine sich selbst erfüllende Prophezeiung wirkt und eine Verstärkung der Vorurteilshaltung hervorruft (Kasten, 1995).

Auf Grundlage dieser Ausführungen, sowohl zu Einzelkindern, als auch zu Motiven und Einstellungen der Einzelkind-Eltern, lassen sich die folgenden Vermutungen für die Untersuchung der Fragestellung aufstellen:

Hypothese 2: Einzelkindern sind Karriere und monetäre Anreize wichtiger als eine positive Work-Life-Balance.

Hypothese 3:

a) Kindern von Akademikern sind Karriere und monetäre Anreize wichtiger als eine positive Work-Life-Balance.

b) Kindern von Unternehmern sind Karriere und monetäre Anreize wichtiger als eine positive Work-Life-Balance.

Diese Vermutungen implizieren, dass Kinder sich an dem Verhalten und den Einstellungen der Eltern orientieren und diese auf ihr eigenes Leben übertragen. Dass eine Vorbildfunktion der Eltern gegenüber ihren Kindern vorliegt, wurde bereits 1969 von Bandura mit Darstellung des Beobachtungs-/ Modelllernens begründet. Hierbei besagt Bandura, dass vornehmlich Modelle, die leicht zugänglich sind und ein Verhalten zeigen, das leicht imitiert werden kann, attraktive Rollenvorbilder darstellen. Besonders eine solche Eltern-Kind-Beziehung ist für die Aneignung von Verhaltensweisen und Einstellungen prägend (Bandura, 1969; zitiert nach Kiesel & Koch, 2012). In Kapitel 3.1 wurde bereits auf eine Studie zur Bedeutung der Work-Life-Balance verwiesen, die die Erwerbstätigkeit von Personen als Kriterium hinzugezogen hat. Hier zeigte sich, dass Manager und mehr verdienende Personen demnach weniger solcher Maßnahmen zur Balance zwischen Beruf und Privatleben in Anspruch nehmen (Ierodiakonou & Stavrou, 2015). Dies stützt die oben aufgeführten Hypothesen 2 und 3 und lässt ergänzende Annahmen verfassen. Die Vorbildfunktion der Eltern unterstützt demnach auch die eigene berufliche Orientierung und impliziert für diese Untersuchung die folgende These:

Hypothese 4: Die wahrgenommene erfolgreiche Karriere der Eltern beeinflusst die eigene Karriere.

Buhl, Noack und Wittmann untersuchten 2003 die Eltern-Kind-Beziehung in Abhängigkeit von einer studierenden oder beruflichen Tätigkeit der Kinder. Hierbei stellten sie fest, dass keine Unterschiede in den Beziehungen zwischen Eltern und ihren studierenden oder berufstätigen Kindern vorlagen. Eltern empfanden jedoch die studierenden Kinder als weniger abgegrenzt und verbundener ihnen gegenüber als berufstätige Kinder. Mit Berücksichtigung der Zielgruppe unserer Probanden tritt somit die Vermutung auf, dass sich auch in der vorliegenden Untersuchung ein solcher Effekt zeigen wird. Zudem beziehen sich Buhl et al. (2003) darauf, dass Frauen sowohl als Mütter wie auch als Töchter engere und stärker unterstützende Familienbeziehungen aufweisen als Männer. Die Studie zeigte zudem, dass sich Eltern studierender Kinder ihren Söhnen gegenüber als unabhängiger empfinden als ihren Töchtern gegenüber (Buhl et al., 2003).

Im Hinblick auf die Elternzeit, die für die Kinderbetreuung beantragt und genommen wird, besteht die Vermutung, dass diese die Bedeutung der Work-Life-Balance beeinflussen kann. Es wird angenommen, dass eine längere Elternzeit die Bedeutung des Familienlebens für die Probanden positiv beeinflusst und sie in ihrem eigenen Agieren prägt.

Hypothese 5: Die Länge der Elternzeit beeinflusst die Bedeutung der Work-Life-Balance und der Vereinbarkeit von Familie und Beruf.

Bezüglich dieser Annahme gibt es jedoch unterschiedliche Standpunkte, die anhand verschiedener Untersuchungen dargelegt werden.

Dustmann und Schönberg (2008) fanden in ihrer Studie heraus, dass eine Elternzeit in ihrer Länge ohne Einfluss auf den schulischen und beruflichen Erfolg der Kinder bleibt. Die Forscher haben in ihrer Studie keinen signifikanten Zusammenhang zwischen der Elternzeit und ihrer Länge und der Wahrscheinlichkeit eines Hochschulabschlusses der Kinder festgestellt. Ebenso wenig ergaben sich für sie im späteren Verlauf statistisch messbare Einkommensvorteile (Dustmann & Schönberg, 2008). Kinder profitieren somit von einer längeren Elternzeit während ihrer Erziehung nicht.

Wiese stellte dahingegen in einer experimentellen Studie zur sozialen Urteilsbildung aus dem Jahr 2007 heraus, dass Einflüsse der Elternzeitlänge auf die Karriere der Eltern jedoch bestehen. Die Studie zeigte, dass Entscheidungen für oder gegen die Inanspruchnahme gesetzlich verankerter Elternzeitmodelle einen Einfluss auf die soziale Eindrucksbildung haben können. Insbesondere Entscheidungen für eine längere familienbedingte berufliche Auszeit (> 1 Jahr) scheinen hier von Relevanz zu sein und zu einer vergleichsweise negativeren berufsbezogenen Fremdbeurteilung zu führen (Wiese, 2007). Akademikerinnen wurden hierbei stärkere berufsbezogene Attribute zugeschrieben, die im Rahmen der sozialen

2 Die Bedeutung der Generation in der Arbeitswelt

In diesem Kapitel wird der Einfluss der Generationen auf die Menschen unterschiedlicher Altersgruppen herausgearbeitet. Hierbei werden die Merkmale der einzelnen Jahrgänge einander gegenüber gestellt und deren Auswirkung auf die Verhaltensweisen und Persönlichkeitsmerkmale der Arbeitnehmer dargestellt. Zunächst wird das Bedürfnis der Menschen nach Kategorisierungen behandelt, wodurch die einzelnen Generationen in ihrer Entstehung begründet sind. Im Anschluss liegt das Hauptaugenmerk auf der Darstellung der Altersgruppen, die den heutigen Arbeitsmarkt beleben und deren Einflüsse sich in der Wirtschaft wiederfinden. Der besondere Fokus liegt an dieser Stelle auf der Generation Y, die die heutigen Berufseinsteiger und -anfänger abbildet.

2.1 Die Kategorisierung der Altersgruppen

Die Gesellschaft neigt dazu, Sachverhalte zu kategorisieren, um Objekte und Personen leichter und schneller zuordnen zu können (Petersen, 2011). Kategorisierung meint hierbei das „Grundprinzip der Reduzierung von Komplexität, nach dem Individuen (bzw. soziokulturelle Gemeinschaften) die überwältigende Fülle des in einer Welt begegnenden Einzelnen in Kategorien [...] aufgliedern, die durch bestimmte Merkmalsstrukturen beschreibbar sind" (Lloyd & Rosch, 1978, S. 853). Generationskategorisierungen bieten somit Orientierungshilfen, um das individuelle Verhalten einer Person auf Grundlage ihrer Generation zu verstehen, sowie die Verhaltensweisen und Merkmale dieser zu definieren und zu erklären (Klaffke & Parment, 2011). Die generelle Bereitschaft von Personen zur Kategorisierung formt darüber hinaus die Bildung von Stereotypen als mentale Repräsentationen den einzelnen Generationen gegenüber (Petersen, 2011). Die Zuordnung zu einer Generation stellt an dieser Stelle zwar eine wichtige Methode zur Komplexitätsreduzierung dar, kann jedoch an keiner Stelle als alleiniger Erklärungsansatz herangezogen werden, um Denken und Verhalten von Personen zu erklären und stellt somit kein präzises Instrument dar (Klaffke & Parment, 2011).

Aufgrund des breiten Interesses an der Generation Y und der damit einhergehenden Betrachtung dieser Altersgruppe seitens verschiedener Forscher und Studien wird ein weiterer Effekt deutlich. Die Ausführungen zu dieser Thematik variieren in ihrem Inhalt und ihrer Darstellung der Generation Y zum Teil sehr stark. Dies lässt sich mit Blick auf die Erkenntnisse von Tajfel erklären, der bereits seit 1971 in verschiedenen Studien eben solche Effekte untersucht hat. Besondere Bekanntheit erlangte Tajfel 1986 durch die Veröffentlichung der *Theorie der sozialen*

Identität, die empirisch auf den Minimal-group-Experimenten der 1970er Jahre basiert und gemeinsam mit Turner publiziert wurde. Der Forscher kam zu dem Ergebnis, dass Menschen zwischen einer Ingroup und einer Outgroup unterscheiden. Hierbei stellt die Ingroup die Gruppe dar, zu der sich ein Mensch aufgrund verschiedener Kriterien, wie beispielsweise Alter oder Herkunft, zählt. Jede Person, die auf dieser Vergleichsdimension andere Eigenschaften zeigt, wird der Outgroup zugeordnet (Petersen, 2011). Die Handlungen der Individuen sind infolgedessen darauf ausgelegt, dass sie die eigene Gruppe aufwerten und entgegen der Outgroup streben. Sie favorisieren somit die Menschen, die ihnen ähnlich erscheinen und die sie ihrer Ingroup zuordnen und richten ihre Aktionen gegen Mitglieder der Outgroup. Durch dieses Ingroup- und Outgroup-Bestreben entstehen soziale Normen, die die Individuen in ihrem Handeln und ihren Entscheidungen prägen (Billig, Bundy, Flament & Tajfel, 1971). Dies spiegelt sich auch in den Ausführungen über die Generation Y wider und es wird eine teils gegenteilige Darstellung deutlich. Im Internet zeigen zahlreiche Onlineartikel, die in Magazinen veröffentlicht wurden und das Hauptaugenmerk auf die Generation Y legen, den benannten Effekt. Hierbei verdeutlicht es sich, dass besonders diese Art der Berichterstattung wenig fundiert ist und in den meisten Fällen Ausdruck der eigenen Position darstellt. Wenn die Verfasser solcher Artikel zur Outgroup der Generation Y gehören, häufig sind sie Vertreter der Generation X, wird in einigen Fällen eine kritische Einstellung gegenüber jüngeren Generationsangehörigen deutlich (vgl. bspw. Matthes, 2015). Dies zeigt sich in formulierten Hypothesen und Meinungen, die zumeist mit negativen Konnotationen verbunden sind. Dem gegenüber stehen ebendiese jungen Personen selbst, die eigene Studien über ihre Generationsverbündeten durchführen und deren Ergebnisse zum Teil positiver ausfallen (vgl. bspw. Kerbusk, 2014). Der vorliegende Sachverhallt wurde an dieser Stelle nicht empirisch geprüft und liegt lediglich in eigenen Erfahrungen begründet.

Inhaltlich betrachtet finden sich in Generationskategorien gemeinsame Werteklammern wieder, die eine Generation von ihrer Folgegeneration oder ihren Vorgängern unterscheidet. Diese Wertevorstellungen ergeben sich weitgehend in der Sozialisation und reflektieren vorherrschende Bedingungen in der Gesellschaft zu einem gewissen Zeitpunkt. Die Kinder- und Jugendjahre prägen somit das gesamte Leben und implementieren Werte, die in den Folgejahren nur schwer veränderbar sind (Klaffke & Parment, 2011).

Erwünschtheit zu einer kurzen Elternzeit dieser Zielgruppe geführt haben könnten. Zudem wählen Akademikerinnen neben einer kürzeren Elternzeit auch einen höheren Erwerbsumfang während des Elterngeldbezuges (Bundesministerium für Familien, Senioren, Frauen und Jugend, 2010). Dieser Umgang mit der persönlichen Karriere in Vereinbarkeit mit einer Familie wird vorgelebt und es wird vermutet, dass dies ebenfalls die Probanden in ihrem Empfinden beeinflusst.

4.1.3 Auswirkung der Persönlichkeit auf die Bedeutung der Work-Life-Balance

Neben den oben bereits aufgeführten soziodemografischen Merkmalen spielen auch Aspekte der Persönlichkeit eine wichtige Rolle bei der Erklärung der Bedeutung der Work-Life-Balance.

Motive einer Person erhöhen die Wahrnehmung möglicher Anreizsituationen, wodurch uns ein kontinuierlicher Lebensraum, in welchem wir uns bewegen, nicht bedürfnisneutral erscheint. Hierbei unterscheiden sich Menschen in der Stärke ihrer Motive, da Lebensumwelten nicht generalisierbar sind und Bedürfnisse eine Individualität und Subjektivität aufweisen. Die Stärke eines Motives ist an dieser Stelle ein Indikator für das Verhalten und Erleben eines Menschen, wodurch deutlich wird, dass auch diese Komponenten subjektiv variieren (Langens, Schmalt & Sokolowski, 2005).

Bereits 1938 stellte der US-Psychologe Murray fest, dass die Persönlichkeit von psychogenen Bedürfnissen geformt wird. In seinem Werk *Explorations in personality* verdeutlicht er, dass das Verhalten eines Menschen auf persönliche Einflüsse, wie individuelle Bedürfnisse, Neigungen und Triebe, zurückzuführen ist. Murray (1938) unterscheidet an dieser Stelle zwischen zwanzig verschiedenen Bedürfnissen, die einem Menschen zugrunde liegen.

Basierend auf den Erkenntnissen Murrays, der in seinem Werk die manifestierten Bedürfnisse eines Menschen herausgestellt hat, ermittelte McClelland 1953 gemeinsam mit Atkinson, Clark und Lowell drei Hauptbedürfnisse des Menschen. Diese umfassen das Bedürfnis nach Leistung und Erfolg, das Bedürfnis nach Macht, sowie das Bedürfnis nach Zugehörigkeit, die ebenfalls von Murray als relevant erachtet wurden (McClellan, Atkinson, Clark & Lowell, 1953; zitiert nach Heckhausen, H. & Heckhausen, J., 2010). Die Forscher gingen hierbei davon aus, dass jeder Mensch die benannten drei Bedürfnisse innehat, wobei sich diese in ihrer Stärke und Ausprägung unterscheiden. Es ist stets nur eines der Bedürfnisse dominant und übt einen Einfluss auf die Motivation aus.

Die Leistungsmotivation kennzeichnet an dieser Stelle ein Handeln, das sich an einem Tüchtigkeitsmaßstab orientiert. Hierbei unterliegt die eigene Tüchtigkeit einer Bewertung und wird mit der Beurteilung des Handlungsergebnisses in Verbindung gebracht. Befriedigung finden Leistungsmotivierte besonders im Übertreffen von allgemeinen Leistungsstandards, wohingegen sie mittelmäßige und durchschnittliche Leistungen fürchten. Die Leistungsmotivation kann in diesem Zusammenhang als Selbstbekräftigungssystem fungieren und die Handlungen einer Person leiten (McClelland et al., 1953; zitiert nach Heckhausen, H. & Heckhausen, J., 2010).

Die Machtmotivation drückt sich besonders durch das Bedürfnis aus, andere in ihrem Erleben und Verhalten kontrollieren, sowie beeinflussen zu können. Primär steht die Manifestation von Ressourcen im Fokus, die durch Kontrolle über andere Personen angestrebt wird (McClelland et al., 1953; zitiert nach Heckhausen & Schmalt, 2010). Demnach führen Situationen, in denen eine Beeinflussung und Kontrolle möglich ist, zu einer Bedürfnisbefriedigung. Machtmotivierte Personen streben danach als einflussreich und mächtig wahrgenommen zu werden, sie demonstrieren Überlegenheit und vermeiden Schwäche sowie Minderwertigkeit der eigenen Person (McClelland et al. 1953, zitiert nach Heckhausen & Schmalt, 2010).

Das Anschlussmotiv bezeichnet „das Bedürfnis nach der Aufnahme und Aufrechterhaltung sozialer Beziehungen unabhängig von dem Grad der erreichten Vertrautheit (Murray 1938, zitiert nach Asendorpf & Neyer, 2012, S.175)". Die zwei Komponenten, die sich bei dem Anschlussmotiv unterscheiden lassen, werden als Hoffnung auf Anschluss und Furcht vor Zurückweisung bezeichnet (Heckhausen & Sokolowski, 2010).

Casimir und Loon (2008) fanden in einer Studie zu beruflichen Anforderungen an das Lernen und beruflich bedingtem Lernen heraus, dass die Leistungsmotivation einen Effekt auf diese Beziehung ausübt. Die beruflichen Anforderungen, die das Lernen betreffen, korrelieren positiv mit dem anschließend beruflich bedingten Lernen. Dieser Zusammenhang wird durch die Leistungsmotivation moderiert. So zeigt es sich, dass Probanden, die eine hohe Leistungsmotivation aufweisen, eine stärkere Korrelation zwischen den Anforderungen und der tatsächlichen Aneignung des beruflichen Lernens aufweisen (Casimir & Loon, 2008). Dadurch, dass auch das lebenslange Lernen einen wichtigen Aspekt darstellt und sich ein ähnlicher Effekt in der Praxis vermuten lässt, wird die nachfolgende Vermutung verfasst:

Hypothese 6: Personen, die hoch leistungsmotiviert sind, setzen die Priorität auf monetäre Ziele und die eigene Karriere.

Im Rahmen der vorliegenden Untersuchung werden im Fragebogen vier Jobbeispiele aufgeführt, in denen die Probanden zwischen zwei Stellenbeschreibungen mit unterschiedlichen Bedingungen wählen können. Mit Berücksichtigung der Motivation und persönlichen Einstellung der Probanden wird vermutet, dass die Wahl der Jobs die subjektive Bedeutung der Work-Life-Balance widerspiegelt.

Hypothese 7: Personen, die familienfreundlichere Jobangebote gewählt haben, zeigen auch in der übrigen Erhebung ein Work-Life-Balance-orientierteres Antwortverhalten.

Rückblickend mit Bezug auf die Darstellung der Generation Y beeinflusst die Charakteristik dieser Generation auch die Bewertung des Arbeitgebers und die Kriterien der Berufs-, sowie Arbeitgeberwahl. Aufgrund des zunehmenden Individualismus stehen verstärkt individuelle und persönliche Aspekte bei der Berufswahl im Vordergrund. Somit wird vermutet, dass sich die spürbare Souveränität, die sich in einem hohen Bestreben nach Selbstbestimmung äußert, auch in den Faktoren widerspiegelt, die als relevant und wichtig bei der Wahl eines Arbeitgebers gelten. Eine Darstellung des Gesamtverband Kommunikationsagenturen e.V. aus dem Jahr 2011 zeigte, dass das Arbeitsklima als wichtigster Faktor von Probanden genannt wurde, nachfolgend die Vereinbarkeit von Familie und Beruf und die Arbeitsplatzsicherheit. Die Vergütung folgt hierbei erst mit etwas Abstand an sechster Stelle (Gesamtverband Kommunikationsagenturen e.V., 2011). Eine ähnliche Verteilung wird auch in der vorliegenden Untersuchung erwartet.

Hypothese 8: Soziale Faktoren werden bei der Arbeitgeberwahl zunehmend wichtiger.

Als ein abschließender Effekt wird vermutet, dass sich die Aspekte dieser Generation in der Einschätzung der eigenen Karriere widerspiegeln. Da die Angehörigen der Generation Y in einen starken Individualismus verfallen sind, wird angenommen, dass sie die eigenen Pläne und den eigenen Erfolg eher persönlichen Aspekten zuschreiben. Demnach zeigt sich dies auch in den subjektiven Einstellungen der eigenen Karriere gegenüber.

Hypothese 9: Die eigenen Karrierebedingungen werden als eher abhängig von internen Faktoren angesehen und sind weniger das Produkt externer Gegebenheiten.

5 Methode

Das folgende Kapitel beschreibt die Konstruktion und Zusammensetzung des Erhebungsinstrumentes. In diesem Zusammenhang erfolgen die Erörterung des Fragebogens und die Darstellung relevanter Merkmale der erhobenen Probanden. Das Kapitel wird hierbei in die beiden Bereiche Versuchsdesign (5.1) und Beschreibung der Stichprobe (5.2) unterteilt. Ziel ist es an dieser Stelle, die bereits aufgeführten Hypothesen anhand des Instruments deskriptiv und interferenzstatistisch zu bestätigen.

5.1 Versuchsdesign

Zur Untersuchung der Fragestellung, wie die Bedeutung der Work-Life-Balance zu beurteilen ist, wurde ein selbstkonstruierter 10- bis 15-minütiger Fragebogen eingesetzt, in dem selbst entwickelte Items zusammengeführt wurden. Als Anregung und Vorlage zur Erstellung der Items diente ein Fragebogen, der im Rahmen einer Forschungsarbeit an der Hochschule für Angewandte Wissenschaften in Hamburg bereits 2010 entwickelt wurde. Dieser umfasste die Evaluation der Projekte zum Thema *Förderung und Unterstützung von Wissenschaftlerinnen in der wirtschaftsnahen außeruniversitären Forschung des Landes Baden-Württemberg von 2010 – 2011* (Kröger, 2014).

Der vorliegende Fragebogen begann mit einer Willkommensseite, gefolgt von Seiten mit Abbildung der erfragten Items und schloss mit der Darstellung der Kontaktdaten und einem Dank ab.

Durchgeführt wurde der Test an dieser Stelle über die Internetplattform Unipark. Hierbei konnten in kurzer Zeit aufgrund der großen Reichweite ausreichend Personen unterschiedlicher Hochschulen und Studiengänge standardisiert befragt werden.

Die Durchführung der Umfrage im Rahmen dieser Arbeit ist der quantitativen empirischen Forschung zuzuordnen, in welches Forschungsfeld standardisierte Befragungen fallen. Dies ist im vorliegenden Fragebogen zutreffend, da allen Teilnehmern der gleiche Fragebogen auf die gleiche Weise, elektronisch über das Internet, zur Verfügung gestellt wurde.

Zu Beginn wurde den Probanden eine Instruktion und Einleitung dargelegt. Eine formulierte Aufklärung sollte den Probanden zusichern, dass die offenbarten Daten anonym behandelt werden und keinem anderem als dem Untersuchungszweck der vorliegenden Bachelorthesis dienen. Die Mitteilung der Kontaktdaten im Rahmen des Fragebogens sollte deutlich machen, dass es an jeder Stelle möglich ist, Fragen zu stellen und Anregungen zu äußern.

Alle in dieser Studie relevanten Konstrukte wurden über Items operationalisiert, so dass es sich bei dem dargelegten Fragebogen, den die Teilnehmer ausfüllen konnten, um eine Sammlung verschiedener Skalen handelt, die im weiteren Verlauf in ihrer Zusammensetzung näher erläutert werden.

Dieser Umfrage lagen 32 Fragen zugrunde, die verschiedenen Kategorien zuzuordnen sind. Zunächst wurden Fragen bezogen auf die Einstellung zur Karriere und im Zusammenhang zu Familie und Beruf erfragt. Hierbei wurden 11 Items als Faktoren für eine erfolgreiche Karriere formuliert, die in Kapitel 6.2 einer Unterteilung nach internen und externen Gegebenheiten unterliegen. Als Beispielitem dient v_97, welches „Netzwerke" als Faktor für eine erfolgreiche Karriere abfragte.

Des Weiteren enthielt das Instrument 7 Items zur Erfassung der Wichtigkeit von Arbeitgeberkriterien, die positiv gepolt die Vereinbarkeit von Familie und Beruf in ihrer Wichtigkeit darstellen (v_15: „Zuschuss zu einem Kita-Platz."). Der nächste Abschnitt sollte die Einstellung gegenüber den persönlichen Karrierebedingungen verdeutlichen. Dieser Aspekt wurde anhand von 10 Items abgebildet, die je nach untersuchtem Konstrukt einer Umpolung unterlagen, wie Kapitel 6.1 kenntlich macht. Als Beispielitem kann v_21 angeführt werden, welches lautet: „Ich bin uneingeschränkt mobil.". Die Wichtigkeit von verschiedenen Unternehmensleistungen wurde im Anschluss daran in 14 Items formuliert, wobei v_33 („Bezahlung/ Entlohnung") einer Umpolung unterlag. Im weiteren Verlauf folgten Fragen bezüglich der Motivation und des Gefühlszustandes der Probanden. Hierbei wurden 8 Items zur Darstellung der individuellen Gemütslage formuliert (z. B. „Zuversicht" (v_44)), 5 Items zur Erfassung der Machtmotivation (z. B. „Für mehr Einfluss würde ich auf vieles verzichten." (v_65)) und 12 Items zur Darstellung der Leistungsmotivation (z. B. „Ich strebe als Karriereziel eine Führungsfunktion an." (v_54)). In einem nächsten Schritt wurden den Probanden vier Beispielsituationen aufgezeigt, in denen sie zwischen zwei Jobangeboten wählen sollten. Hierbei war jeweils ein Jobangebot familienorientiert und eine Stellenbeschreibung karriereorientiert formuliert. Den anschließenden Teil der Befragung stellten die soziodemografischen Fragen dar, die ebenfalls die familiäre Situation der Probanden abgefragt haben. An dieser Stelle wurden 21 Fragen gestellt, die das Geschlecht, das Alter, die Geschwistersituation, die berufliche Situation der Eltern und den eigenen akademische Bildungsweg umfassen.

Die 32 Fragen mit insgesamt 92 Items wurden hierbei auf 24 Seiten dargestellt. Mit Ausnahme im Bereich der soziodemografischen Fragen lag der Erhebung eine 4- stufige Likert-Skala als Antwortformat vor. Der zeitliche Umfang der Beantwortung lag bei 12,24 Minuten im Mittel.

5.2 Beschreibung der Stichprobe

Die Durchführung der Erhebung erfolgte über einen 19-tägigen Zeitraum vom 13.09.- 02.10.2015. Die Untersuchung richtete sich an die Zielgruppe der Vollzeit-Studierenden, welche alle immatrikulierten Studierenden umfasst, die das Studium als Hauptbeschäftigung ausüben. Der Studiengang, ebenso wie die Hochschule, an der das Studium absolviert wird, waren für die Auswertung der Befragung nicht relevant. Der Fragebogen wurde hierbei sowohl über das Studierendensekretariat an den E-Mail-Verteiler der Hochschule Bonn-Rhein-Sieg, als auch vonseiten der Autorin innerhalb sozialer Netzwerke online verschickt, um möglichst viele Personen der Zielgruppe zu erreichen.

Das Gesamtsample des Datensatzes umfasste 652 Fragebögen. Insgesamt konnten somit 652 Personen für die Befragung rekrutiert werden, wovon jedoch nur 236 Teilnehmer die Beantwortung abgeschlossen haben. Dadurch, dass dieser Fragebogen ausschließlich online beantwortet werden konnte, konnten einige Aspekte, die der Beantwortung zugrunde lagen, nicht kontrolliert werden. So zeigte sich eine hohe Abbruchquote von 63,8% der Personen, die den Link geöffnet haben, wobei der Anteil derer, die nach der ersten Seite abgebrochen haben, mit 34% den größten Teil der Abbrecher abbildet.

Probanden mit erkennbar ungültigen Werten wurden zudem in der weiteren Auswertung nicht berücksichtigt. An dieser Stelle wurden 3 Probanden aussortiert. Für die weiteren Analysen wird daher auf eine Gesamtstichprobe von $N=$ 233 zurückgegriffen.

Nachfolgend soll eine nähere Beschreibung der Stichprobe erfolgen. Das Geschlecht wurde mit Item v_69 abgefragt und von allen 233 Probanden angegeben. Insgesamt bearbeiteten 178 Probandinnen (76,4%) und 55 Probanden (23,6%) den Fragebogen, wodurch demnach mehr als zwei Drittel der Teilnehmer weiblichen Geschlechts waren. Hinzukommend wurde mittels Freifeld das Alter der Teilnehmer (Item v_113) erhoben. Es gaben 226 Personen der Gesamtstichprobe ihr Alter an und 7 Eingaben fehlten. Der Altersdurchschnitt der Probanden betrug 22,98 Jahre, wobei die meisten Teilnehmer zwischen 20 und 25 Jahre alt waren.

Diese Altersspanne deckt rund 69,1% ab. Das Minimum dieses Items lag bei 17 Jahren, das Maximum bei 57 Jahren.

Eine genauere Darstellung der Altersverteilung wird mithilfe der Abbildung 1 gegeben.

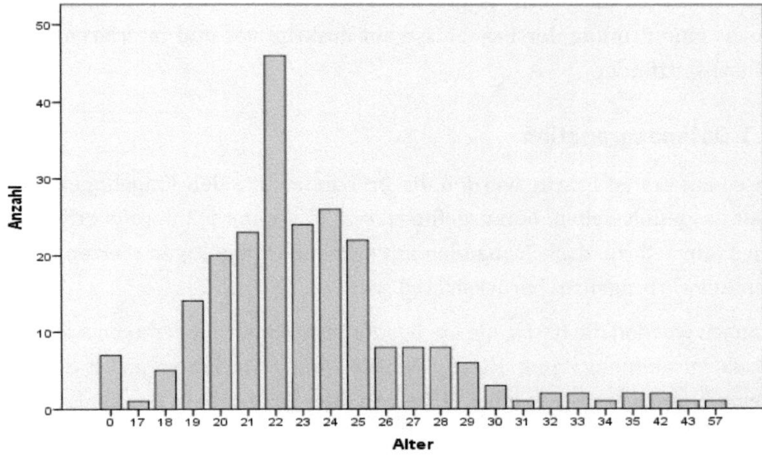

Abbildung 1: Häufigkeitsverteilung Alter

6 Ergebnisse

Im nachfolgenden Kapitel erfolgt die Auswertung der durch die Befragung ermittelten Daten auf Basis der aufgestellten Hypothesen. Die Auswertung wird an dieser Stelle mithilfe des Statistikprogramms SPSS in der Version 22 durchgeführt. Zunächst wird hierbei die Aggregation der Items zu einzelnen Skalen dargestellt bevor eine Prüfung der Ergebnisse auf deskriptiver und interferenzstatistischer Ebene stattfindet.

6.1 Datenaggregation

In einem ersten Schritt wurden die Probanden, die den Fragebogen nicht ernsthaft ausgefüllt haben, herausgefiltert, wie in Kapitel 5.2 bereits erläutert wurde. Dies führte dazu, dass Probanden mit erkennbar ungültigen Werten in der weiteren Auswertung nicht berücksichtigt wurden.

Danach wurden die Items, die ein bestimmtes Konstrukt erfragen sollten, zu einer Skala zusammengefasst. Hierfür wurde eine Korrelation unter den einzelnen Items berechnet und ab einer Höhe von .40 wurden diese der Skala beigefügt. Es wird neben den demographischen Daten zwischen fünf Skalen unterschieden. Die Skala *Leistung* umfasst die Items v_52 bis v_63 und bildet die Leistungsmotivation ab, wobei unterschiedliche Aspekte des Konstrukts erfragt wurden. Die Items v_52, v_57, v_58 und v_61 wurden für diese Berechnung umgepolt. Als Beispiel lautet die Formulierung von Item v_54: „Ich strebe als Karriereziel eine Führungsfunktion an.". Die Korrelation der Items untereinander ergab, dass v_52, v_55 und v_62 aufgrund zu geringer Werte und fehlender Signifikanz keinen Eingang in die Skala erhalten haben. Daher beinhaltet die Skala *Leistung* abschließend die Items v_53, v_54, v_56, v_57, v_58, v_59, v_60, v_61 und v_63. Die Skala *Macht* repräsentiert das Konstrukt der Machtmotivation und wurde mit den Items v_64 bis v_68 erfragt, v_66 wurde an dieser Stelle umgepolt. Als Beispielitem dient v_65, welches lautet: „Für mehr Einfluss würde ich auf vieles verzichten." In dieser Skala wurde nur v_66 anhand der Korrelationswerte herausgelassen. Die Skala *Vereinbarkeit* (von Familie und Beruf) wurde mit mehreren Items abgefragt, die an unterschiedlicher Stelle dargestellt wurden. Die Skala beinhaltet hierbei die Items v_106, v_19, v_18, v_17, v_15, v_14, v_16, v_28 und v_29, die aufgrund der Korrelationswerte das Konstrukt erfassen. Das Item v_18 erfragt zum Beispiel das Item „Betriebskindergarten" in der Bedeutung dieses Kriteriums bei einem Arbeitgeber. Die Skala *WLB* untersucht die Work-Life-Balance und beinhaltet demgegenüber die Items v_13, v_35, v_36, v_37, v_38, v_39, v_40, v_42, v_30 und v_31. Dies wird unter anderem mit der „Einflussmöglichkeit bei Problemen am Arbeitsplatz" (v_39) gemessen. Abschließend wurde eine Skala *Karriere* gebildet, die die Items v_96, v_20, v_22, v_23, v_24 und v_26 beinhaltet. Diese Skala stellt die Erwartungen und Wahrnehmungen in Bezug auf die eigene Karriere dar, wie beispielsweise Item v_22 zeigt („Ich verfüge über karriererelevante Netzwerke.").

6.2 Deskriptive und interferenzstatistische Analysen

Hypothese 1 besagt, dass Frauen eine positive Work-Life-Balance wichtiger erscheint als Männern. In den Skalen *WLB* und *Vereinbarkeit* wurden die Items, die diese Bedeutung erfassen, operationalisiert. Dass die beiden Skalen ähnliches messen, zeigt eine bivariate Korrelation der jeweils aggregierten Items. Auf einem Niveau von .00 besteht hier eine signifikante Korrelation von .38, was die oben aufgeführte Annahme einer Abbildung der Bedeutung durch die Skalen *WLB* und *Vereinbarkeit* bestätigt. Um den Zusammenhang zwischen dem Geschlecht und der Bedeutung der Work-Life-Balance zu ermitteln, wurde ein t-Test für unabhängige Stichproben zwischen dem Item Geschlecht und den beiden Skalen durchgeführt. Betrachtet man zunächst die Skala *WLB* so zeigte sich, dass bei Frauen niedrigere Werte vorlagen (M= 1.60; SD= 0.30) als bei männlichen Probanden (M= 1.67; SD= 0.31). Die Werte geben hierbei die Wichtigkeit der Work-Life-Balance für die Probanden an; 1 steht für sehr wichtig und 4 für sehr unwichtig. Dieser Unterschied, dass Frauen demnach die Work-Life-Balance wichtiger ist, konnte in der Skala *WLB* nicht signifikant bewiesen werden (t(231)=1.42, p=.16). Eine Betrachtung der Skala *Vereinbarkeit* führte an dieser Stelle jedoch zu einer Bestätigung der Hypothese und macht zudem einen deutlicheren Unterschied der Werte erkennbar. Männer zeigten auch in diesem Fall höhere Werte (M=2.17, SD=0.42) als weibliche Probanden (M=1.96, SD=0.39) auf, wobei diese Werte hoch signifikant sind (t(231)= 3.43, p<.01). Mit Berücksichtigung der Mittelwerte dieser Skala zeigte sich so, dass Frauen in ihren Ausführungen der Vereinbarkeit von Familie und Beruf eine höhere Bedeutung zukommen lassen.

Zur Prüfung der Hypothese 2 und der Annahme, dass Einzelkindern monetäre Anreize gegenüber einer positiven Work-Life-Balance als wichtiger erscheinen, wurde ebenfalls auf einen t-Test für unabhängige Stichproben zurückgegriffen. An dieser Untersuchung nahmen insgesamt 34 Einzelkinder und 199 Probanden mit Geschwistern teil.

	Geschwister	Mittelwert	F	Signifikanz	T	Sig.(2-seitig)
Verein-barkeit	Ja	2.00	4.74	.03	-.18	.86
	Nein	2.02				
WLB	Ja	1.61	2.17	.14	-1.04	.30
	Nein	1.67				
Macht	Ja	2.27	.01	.91	-1.76	.10
	Nein	2.46				
Leistung	Ja	1.83	3.88	.05	-1.60	.17
	Nein	1.93				

Tabelle 1: Zusammenhang Geschwister und Bedeutung der WLB

Die Ergebnisse zeigen, dass kein signifikanter Zusammenhang zwischen der Geschwistersituation und den vorliegenden Skalen besteht. Somit kann Hypothese 2 an dieser Stelle nicht bestätigt werden.

Mit Prüfung der Hypothesen 3a und 3b sollte kenntlich gemacht werden, dass sowohl die Kinder von Akademikern (3a), als auch die Kinder von Unternehmern (3b) monetäre Anreize einer positiven Work-Life-Balance vorziehen. Die Items v_82 und v_83 erfragten, ob eine akademische Ausbildung der Eltern der Probanden vorlag. Im Ergebnis zeigte sich, dass 111 Personen an der Erhebung teilnahmen, von denen mindestens ein Elternteil studiert hat. Die Items v_75 und v_76 untersuchten im Weiteren die berufliche Situation der Eltern, wodurch die Probanden, die als Unternehmerkinder aufgewachsen sind, identifiziert werden konnten. 58 Probanden sind an dieser Stelle als Kinder eines selbstständig erwerbstätigen Vaters und/oder einer selbstständig tätigen Mutter aufgewachsen.

Um die beiden Hypothesen bestätigen zu können, wurden zwei t-Tests für unabhängige Stichproben durchgeführt, deren Ergebnisse in den folgenden Tabellen abgebildet werden.

	Akademiker-kind	Mittel-wert	F	Signifi-kanz	T	Sig. (2-seitig)
Ver-ein-barkeit	Ja Nein	2.02 2.00	.00	.97	.25	.80
WLB	Ja Nein	1.63 1.60	.60	.44	.57	.54
Macht	Ja Nein	2.24 2.36	.52	.47	-1.58	.12
Leis-tung	Ja Nein	1.82 1.86	.61	.44	-.93	.36

Tabelle 2: Zusammenhang Akademikerkind und Bedeutung der WLB

	Unternehmer-kind	Mittel-wert	F	Signifi-kanz	T	Sig. (2-seitig)
Ver-ein-barkeit	Ja Nein	2.04 1.99	4.27	.04	.66	.51
WLB	Ja Nein	1.64 1.60	.39	.53	.88	.38
Macht	Ja Nein	2.25 2.32	.98	.32	-.84	.40
Leis-tung	Ja Nein	1.88 1.83	2.35	.13	.95	.34

Tabelle 3: Zusammenhang Unternehmer-Kind und Bedeutung der WLB

Die Tabellen zeigen, dass die Werte nicht signifikant sind und damit keine Bestätigung der Hypothese vorliegt. Die Tendenzen der Mittelwerte unterstreichen hierbei zwar die vermutete Richtung der Ausprägung, können jedoch durch die entsprechende interferenzstatistische Prüfung nicht bestätigt werden.

Hypothese 4 umfasst die Annahme, dass die wahrgenommene erfolgreiche Karriere der Eltern die individuelle Karriere der Probanden beeinflusst. Um dies zu testen, wurde eine Korrelation nach Pearson zwischen der Skala *Karriere* und den Items v_84 („Hat Ihr Vater Ihrer Ansicht nach seine Karriereziele erreicht?") und v_121 („Hat Ihre Mutter Ihrer Ansicht nach ihre Karriereziele erreicht?") durchgeführt. Die Korrelation zwischen der Skala *Karriere* und v_84 zeigte im Ergebnis, dass ein nur sehr gering positiver Zusammenhang vorliegt, der jedoch nicht als signifikant bestätigt werden kann ($r(233)=.01$, $p=.91$). Zu einem anderen Ergebnis kam die Korrelation zwischen der Skala *Karriere* und Item v_121. Hier lag ein etwas deutlicherer positiver Zusammenhang vor, der sich als signifikant herausstellte ($r(233)=.20$, $p=.00$). Dies zeigt, dass die Karriere der Mutter signifikant mit der eigenen Karriere korreliert. Unterteilt man diesen Effekt nach dem Geschlecht der Probanden, so wird deutlich, dass dieser Einfluss jedoch nur bei weiblichen Probanden vorlag ($r(178)=.21$, $p=.01$). Bei männlichen Probanden bestand ein solcher signifikanter Zusammenhang nicht ($r(55)=.165$, $p=.23$).

Die nachfolgende Hypothese 5 vermutet, dass die Elternzeit die Bedeutung der Work-Life-Balance und der Vereinbarkeit von Familie und Beruf beeinflusst. Zur Überprüfung dieser Vermutung wurde eine Korrelation nach Pearson zwischen dem Item *Kinderbetreuung* (v_77) und den Skalen *WLB* und *Vereinbarkeit* berechnet. Diese Rechnung führte zu folgenden Ergebnissen: Die Korrelation des Items *Kinderbetreuung* und der Skala *WLB* betrug $r=-.055$ bei einem Signifikanzwert von .40. Im Zusammenhang mit der Skala *Vereinbarkeit* wurde eine Korrelation von $r=.09$ bei einem Signifikanzwert von .19 deutlich.

Die Elternzeit korrelierte hierbei kaum mit der Skala *Vereinbarkeit* bei fehlender Signifikanz ($r(233)=.09$, $p=.19$) und sogar negativ mit der Skala *WLB* ($r(233)= -.06$, $p=.40$). Die Hypothese kann demnach nicht bestätigt werden.

Im nächsten Schritt wird mit Hypothese 6 überprüft, ob Personen, die hoch leistungsmotiviert sind, monetäre Ziele und die eigene Karriere priorisieren. Um diese Annahme zu testen, wurde die Skala *Leistungsmotivation* mit den Skalen *WLB* und der *Vereinbarkeit* korreliert.

		Macht	Vereinbarkeit	WLB	Karriere
Leistung	**Pearson-Korrelation**	,56**	-,07	,22**	,54**
	Sig. (2-seitig)	,00	,27	,00	,00

Tabelle 4: Zusammenhang Leistungsmotivation und Bedeutung der WLB

**. Korrelation ist bei Niveau 0,01 signifikant (zweiseitig).

Die Ergebnisse hierbei zeigen, dass Leistungsmotivation signifikant mit dem Machtmotiv (gutes Niveau von .56**) und der eigenen Karrierewahrnehmung (gutes Niveau von .54**) korreliert. Die Ergebnisse sind an dieser Stelle hoch signifikant. Im umgekehrten Fall und der Betrachtung des Zusammenhangs zwischen Leistungsmotivation und den Skalen *WLB* und *Vereinbarkeit* zeigt sich nur für die Skala *WLB* ein hoch signifikanter Wert auf einem Niveau von .00. Leistungsmotivation weist zwar eine negative Korrelation mit der Vereinbarkeit von

Familie und Beruf vor, diese ist jedoch nicht signifikant. Die Skala *WLB* korreliert an dieser Stelle sogar leicht positiv mit der Leistungsmotivation.

Hypothese 7 beschreibt die Annahme, dass Personen, die die familienfreundlichere Jobbeschreibung innerhalb des Fragebogens gewählt haben, auch in den übrigen Items ein an der Work-Life-Balance und der Vereinbarkeit von Familie und Beruf interessiertes Antwortverhalten aufzeigen.

Um diese Hypothese zu testen, wurde ein Durchschnittswert aus dem Antwortverhalten innerhalb der einzelnen Jobbeispiel-Aufgaben (v_92, v_93, v_94 und v_95) berechnet. Die erste Antwortmöglichkeit stellte bei diesen Items die familienorientierte Alternative dar, wobei Item v_95 an dieser Stelle umgepolt wurde. Mit diesem Durchschnittswert wurde eine Korrelation nach Pearson mit den Skalen *Leistung, Macht, WLB* und *Vereinbarkeit* gerechnet. Dies führte zu folgenden Ergebnissen, die der Tabelle 5 entnommen werden können.

		Leistung	**Macht**	**Vereinbarkeit**	**WLB**
Stellenangebote	**Pearson-Korrelation**	-,22**	-,27**	,28**	,21**
	Sig. (2-seitig)	,00	,00	,00	,00

Tabelle 5: Zusammenhang Antwortverhalten und Bedeutung der WLB

**. Korrelation ist bei Niveau 0,01 signifikant (zweiseitig).

Wie die Tabelle zeigt, korreliert ein familienfreundlicheres Antwortverhalten signifikant negativ mit Leistungsmotivation (r=-.22**) und Machtmotivation (r=-.27**) auf einem Signifikanzniveau von $p<0.1$. Des Weiteren sind die Korrelationen mit der Skala *Vereinbarkeit* und der Skala *WLB* auf einem Signifikanzniveau von $p<.01$ signifikant positiv ($r_{Vereinbarkeit}$=.28** bzw. r_{WLB}=.21**). Dies bestätigt die Hypothese, dass das Antwortverhalten der Probanden auf die persönliche Einstellung zurückführbar ist und offenbart, inwieweit eine familienorientierte Auffassung vorliegt.

Dass soziale Faktoren bei der Arbeitgeberwahl zunehmend wichtiger werden, beschreibt die Hypothese 8. Um dieser Behauptung nachzugehen, wurden einige Items zur Unternehmenswahl abgefragt, die die Wichtigkeit verschiedener Arbeitgeberaspekte darstellen. Diese Ergebnisse wurden deskriptiv geordnet und sind in der Tabelle 6 ihrer Rangfolge nach dargestellt.

	Mittelwert	Standardabweichung
Arbeitsklima im Team	1,21	,42
Sicherheit, den Arbeitsplatz behalten zu können	1,35	,55
Kommunikation zwischen Vorgesetzten und Mitarbeitern	1,35	,51
Gegenseitige Unterstützung und Hilfestellung unter den Arbeitskollegen	1,41	,54
Möglichkeiten der beruflichen Entwicklung und Weiterbildung	1,41	,59
Anerkennung der persönlichen Leistung	1,46	,57
Bezahlung/ Entlohnung	1,50	,52
Qualifizierungsmöglichkeiten	1,57	,58
Sozialleistungen (z. B. Altersvorsorge)	1,63	,64
Konfliktbewältigung unter den Arbeitskollegen	1,66	,57
Einflussmöglichkeit bei Problemen am Arbeitsplatz	1,67	,56
Gleitzeit/ flexible Arbeitszeiten	1,73	,71
Information über Veränderungen und Vorgänge im Unternehmen	1,81	,66
Mitsprachemöglichkeiten bei betrieblichen Entscheidungen	1,93	,67

Tabelle 6: Ranking der Kriterien eines zukünftigen Arbeitgebers

Hypothese 9 stellt die Vermutung auf, dass die eigenen Karrierebedingungen eher von internen Faktoren beeinflusst werden und weniger von äußeren Faktoren abhängig gemacht werden. Um diese Vermutung zu stützen, wurden die abgefragten Items zu den eigenen Karrierebedingungen deskriptiv ausgewertet. Demnach beeinflussen, nach Meinung der Probanden, besonders persönliche Eigenschaften die Karriere und werden als wichtiger angesehen.

	Mittelwert	Standardabweichung
Das eigene Auftreten/ Selbstdarstellung	1,21	,42
Selbstvertrauen	1,25	,44
Leistungsfähigkeit und Einsatzbereitschaft	1,27	,48
Netzwerke	1,45	,58
Mobilität	1,70	,62
Vereinbarkeit von Familie und Karriere	1,77	,72
Förderung durch Vorgesetzte	1,79	,55
Karriereplanung	1,81	,55
Vermeidung von Geschlechterstereotypen und Vorurteilen	2,04	,78
Gleichstellungspolitik	2,25	,83
Publikationen	2,51	,73

Tabelle 7: Ranking der Karrierebedingungen

In einem zweiten Schritt wurden die Items nach internen und externen Attributen unterteilt. Diese beiden Gruppen sind zudem interferenzstatistisch ausgewertet worden, indem ein Zusammenhang zwischen den Mittelwerten berechnet wurde. Zu der Skala *KarriereInnen* zählen hierbei folgende Faktoren: Das eigene Auftreten/ Selbstdarstellung, Selbstvertrauen, Leistungsfähigkeit und Einsatzbereitschaft, Mobilität, Vereinbarkeit von Familie und Karriere, Karriereplanung und Vermeidung von Geschlechterstereotypen und Vorurteilen. Die Skala *KarriereAußen* beinhaltet demgegenüber die Items Netzwerke, Förderung durch Vorgesetzte, Gleichstellungspolitik und Publikationen.

	Mittelwert	Standardabweichung	Standardfehler Mittelwert
KarriereInnen	1,58	,27	,017
KarriereAußen	2,00	,36	,024

Tabelle 8: Mittelwerte nach inneren und äußeren Kriterien

Wie Tabelle 8 zeigt, liegt der Mittelwert der externen Faktoren signifikant höher als der der internen Faktoren. Das Signifikanzniveau liegt in diesem Fall bei <.01.

	Testwert = 0					
	t	df	Sig. (2-seitig)	Mittelwertdifferenz	95% Konfidenzintervall der Differenz	
					Unterer	Oberer
KarriereInnen	90,88	232	,00	1,58	1,54	1,61
KarriereAußen	83,69	232	,00	2,00	1,95	2,05

Tabelle 9: Zusammenhang nach inneren und äußeren Kriterien

7 Diskussion

Die vorliegende Arbeit hatte zum Ziel, die Bedeutung der Work-Life-Balance für Berufseinsteiger herauszustellen. Dies wurde in der empirischen Analyse mittels t-Tests und bivariater Korrelationen versucht zu realisieren. Die Umfrage wurde mit Hilfe der Plattform Unipark erstellt und online durchgeführt. Aufgrund dieser Befragungsmethode konnten einige Bedingungen nicht kontrolliert werden. So kann beispielsweise nicht gewährleistet werden, dass die Umfrage ohne Unterbrechung und mit voller Konzentration beantwortet wurde und ob die Person die Fragen alleine beantwortet hat. Es kann zudem ebenfalls nicht sichergestellt werden, dass die Versuchspersonen der Zielgruppe zugehörig sind, da der Link von jeder Person geöffnet und die Umfrage beantwortet werden kann. Des Weiteren lassen sich Unsicherheiten aufgrund der fehlenden Mimik und Körpersprache nicht erkennen.

Zu Beginn der Untersuchung standen die geschlechtsspezifischen Unterschiede in ihrem Einfluss auf die Bedeutung der Work-Life-Balance im Fokus. Die Annahme, dass Frauen eine positive Work-Life-Balance gegenüber Männern als wichtiger erachten, konnte auf Basis fehlender signifikanter Werte innerhalb der Skala *WLB* nur bedingt bestätigt werden. An dieser Stelle könnte das Ungleichgewicht der Probanden hinsichtlich des Geschlechts ein solches Ergebnis bedingt haben. Dennoch konnten hoch signifikante Ergebnisse in der Korrelation mit der Skala *Vereinbarkeit* identifiziert werden, die die Hypothese 1 teilweise bestätigen. Dieses Ergebnis stützt die Befunde von Hoff et al. (2005), die eine Studie zur Work-Life-Balance durchgeführt haben. In dieser Studie wurde deutlich, dass Frauen überwiegend eine Integration und Balance zwischen den beiden Bereichen versuchen zu erzielen, während Männer eine Segmentation zugunsten des Berufes anstreben (Hoff et al., 2005). Aus den Ergebnissen der vorliegenden Analyse wird deutlich, dass Frauen im Gegensatz zu Männern die Vereinbarkeit der Lebensbereiche höher gewichten und stärker in den Fokus stellen, wodurch sich eine hohe individuelle Bedeutung für diese Zielpersonen ableiten lässt. Die Untersuchung von Hoff et al. (2005) wurde unter Probanden aus hoch qualifizierten Berufen, der Medizin und der Psychologie, durchgeführt. In der aktuellen Untersuchung liegt die Zielgruppe der Studenten vor, die, nach Erreichung des akademischen Abschlusses, oftmals in höher qualifizierte Berufe einsteigen werden und somit entsprechendes Fachpersonal von morgen abbilden. Diese Zielgruppe zeigt schon heute ähnliche Merkmale in der Thematik auf wie die untersuchten Probanden der Studie von Hoff et al. (2005). Das Institut für Demoskopie Allensbach (2005) veröffentlichte zudem eine Studie, die deutlich machte, dass trotz der zunehmenden Erwerbstätigkeit von Frauen und der veränderten Familiensituation und Lebensgestaltung in Deutschland, nur etwa 4,9% der Männer in den Familien mit Elternzeitnutzung eine solche Elternzeit wahrnahmen. Hierbei zeigten sich jedoch in anderen Ländern stärkere Nutzungen der Erziehungszeit seitens der Väter. In Schweden beispielsweise lag dieser Wert bei 36% der Väter, die ein solches Angebot annahmen (Institut für Demoskopie Allensbach, 2005). Obwohl die Gründe für den geringen Anteil meist benennbar sind und bereits Gegenstand der Forschung waren, liegt an dieser Stelle nach wie vor Forschungsbedarf vor, um den Anteil auch in Deutschland erhöhen zu können. Die Bedeutung der Work-Life-Balance wird aufgrund der veränderten Erwerbssituation vieler Familien auch in Deutschland immer wichtiger, denn oftmals stellen sich Probleme in diesem Bereich bereits durch den gesellschaftlichen Wandel dar. Männer, die ihrer gesellschaftlichen Rolle als finanzieller Versorger der Familie gerecht werden wollen, können dies oft nicht mit einer zunehmenden Verantwortung in der Kinderbetreuung vereinbaren.

In einem zweiten Abschnitt wurden darüber hinaus weitere Ausprägungen, die in Abhängigkeit der familiären Situation entstehen, überprüft. Die Untersuchung der Hypothese 2, die eine veränderte Betrachtung der Thematik in Abhängigkeit der Geschwistersituation vermutet, ließ keine signifikante Bestätigung erzielen. Die Annahme, dass Einzel- und Geschwisterkinder der Work-Life-Balance eine unterschiedliche Bedeutung zukommen lassen, konnte nicht bewiesen werden. Auch in vorherigen Forschungen konnte ein Persönlichkeitsunterschied zwischen Einzelkindern und Geschwisterkindern empirisch nicht bestätigt werden (Kasten, 1995). Die Hypothese baute an dieser Stelle auf der Annahme auf, dass Einzelkinder durch das Agieren der Eltern, ebenso wie eine selbsterfüllende Prophezeiung, begründet im Gesellschaftsbild, beeinflusst werden. Die Untersuchung zeigte dahingehend jedoch, dass eine solche Beeinflussung seitens der Eltern und der Gesellschaft nicht vorliegt.

Im Hinblick auf einen elterlichen Einfluss konnten auch die Hypothesen 3a und 3b keine signifikanten Ergebnisse liefern. Die Annahme, dass die Kinder von Akademikern und Unternehmern eine differenzierte Wahrnehmung und Bedeutung der Work-Life-Balance im Vergleich zu den übrigen Probanden aufweisen, wurde nicht festgestellt. Weiterhin wurde deutlich, dass nur ein stark eingeschränkter Zusammenhang zwischen der Karriere der Eltern und der der Probanden (Hypothese 4) vorliegt. In dieser Studie konnte lediglich ein Zusammenhang zwischen der Karriere der Mutter in ihrem Einfluss auf weibliche Probanden in der Rolle der Töchter festgestellt werden. Dies zeigt, dass die Annahmen, die bereits Buhl et al. (2003) in einer Untersuchung gemacht haben, auch in dieser Studie bestätigt werden können. Der Einfluss der Mutter auf die Tochter stützt die Erkenntnis, dass sowohl Frauen als Mütter wie auch als Töchter engere und unterstützendere Familienbeziehungen vorweisen (Buhl et al., 2003). Demnach richten sie sich in Bezug auf ihr Leben oftmals nach vorgelebten Beispielen. An dieser Stelle konnten weitere Zusammenhänge jedoch nicht gefunden werden. Da ein starker Einfluss der Karriere der Eltern auf die Kinder ausblieb und somit auch die elterliche Beschäftigung auf die eigene Einstellung und das Verhalten keine Auswirkung erfuhr, könnte dies auch die Hypothesen 3a und 3b in einer ausbleibenden Bestätigung beeinflusst haben.

In Bezug auf die Hypothese 5, die die Annahme vertritt, dass die Länge der Elternzeit die Bedeutung der Work-Life-Balance und der Vereinbarkeit von Familie und Beruf beeinflusst, konnte die Vermutung nicht gestützt und die vorliegende Hypothese somit nicht bestätigt werden. Es wird an dieser Stelle deutlich, dass die vorliegende Untersuchung auf den Annahmen der Studie von Dustmann und Schönberg (2008) aufbaut und diese unterstreicht. Dustmann und Schönberg (2008) sagten, dass eine Elternzeit in ihrer Länge keinen Einfluss auf den schulischen und beruflichen Erfolg der Kinder hat. Es ergeben sich keine positiven Effekte aus einer langen Elternzeit für die Kinder, wodurch eine Intensivierung der Elternzeit und ihrer Dauer nicht attraktiv wirkt. Dies kann die Probanden im eigenen Verhalten prägen und die Bedeutung einer Vereinbarkeit von Familie und Beruf in diesem Bereich beeinflussen. So stehen die Befunde von Dustmann und Schönberg (2008), ebenso wie die Ergebnisse dieser Untersuchung im Gegensatz zu der weit verbreiteten Annahme, dass eine Elternzeit in ihrer Länge den Werdegang der Kinder deutlich positiv beeinflusst und die familiäre Bedeutung erhöht.

Im abschließenden Teil der empirischen Analyse standen Auswirkungen der Persönlichkeit auf die Bedeutung der Work-Life-Balance im Fokus. Zunächst wurde an dieser Stelle der Einfluss der Leistungsmotivation auf die Bedeutung der Work-Life-Balance mit Hypothese 6 überprüft. Hierbei lagen signifikante Ergebnisse in einer Korrelation zwischen der Skala *Leistung* und der Skala *Macht* und *WLB* vor (Tabelle 4). Dies lässt darauf schließen, dass leistungsmotivierte Personen zum Einen ein starkes Machtbestreben zeigen, zum Anderen jedoch ein starkes Bedürfnis dahingehend offenbaren, ihr Leben ausgewogen gestalten zu können. Sie ordnen der Karriere zwar eine größere Bedeutung zu, möchten aber gleichermaßen beide Lebensbereiche in einem ausgewogenen Verhältnis wissen. Es lässt sich vermuten, dass leistungsmotivierte Personen die beiden Rollen, sowohl als Privatperson, als auch als Berufstätiger, souverän und authentisch darstellen möchten. Hierbei verdeutlicht die Ausprägung der Machtmotivation, dass diese Personen in beiden Bereichen selbstverantwortlich handeln möchten und eine angesehene Rolle wahrnehmen wollen. So wie im Beruf, möchten sie auch für ihren privaten Bereich die Verantwortung tragen können und streben nach Erfolg.

Im nächsten Abschnitt wurde ein Zusammenhang zwischen den gewählten Jobalternativen, die im Rahmen des Fragebogens präsentiert wurden, und der generellen Einstellung zur Work-Life-Balance untersucht. Im Ergebnis wurde deutlich, dass das Antwortverhalten der Probanden auf die persönliche Einstellung zurückführbar ist und offenbart, inwieweit eine familienorientierte Auffassung vorliegt. Probanden, die jeweils die familienfreundlichere Alternative gewählt haben, zeigten auch in anderen Bereichen der Erhebung ein Work-Life-Balance orientiertes Antwortverhalten auf. Daher lässt sich anhand der gewählten Jobalternativen die Einstellung der Probanden bezüglich der Vereinbarkeit von Familie und Beruf und der Work-Life-Balance in Tendenzen vorhersagen.

Das GWA führte im Jahr 2015 eine Umfrage bezüglich wichtiger Kriterien bei einem zukünftigen Arbeitgeber durch. Die Ergebnisse zeigten hierbei, dass die sozialen Faktoren, die ein Arbeitgeber seinen Mitarbeitern bietet, zunehmend bedeutender gegenüber monetären Anreizen werden. Dies wurde auch in der vorliegenden Untersuchung erwartet und in Hypothese 8 formuliert. In der Studie der GWA belegte das Arbeitsklima den ersten Platz, gefolgt von der Vereinbarkeit von Familie und Beruf und der Arbeitsplatzsicherheit. Da in der vorliegenden Untersuchung nicht exakt identische Aspekte erfragt wurden, zeigen sich nur ähnliche Tendenzen in der Erhebung. Das Arbeitsklima belegte auch hier den ersten Platz vor der Arbeitsplatzsicherheit und der Kommunikation zwischen Vorgesetzten und Mitarbeitern. In dieser Untersuchung lag derweil die Bezahlung auf Platz 7, in der Umfrage der GWA auf Platz 6 (Gesamtverband Kommunikationsagenturen e.V., 2011). Dies zeigt, dass in erster Instanz Aspekte, die die sozialen Bedürfnisse der Arbeitnehmer abdecken, an Bedeutung gewinnen. Dem gegenüber ist die Vergütung zwar nicht als bedeutungslos zu bezeichnen, sie liegt jedoch unterhalb der Sicherstellung einer geeigneten und positiven Work-Life-Balance. In einer früheren Umfrage von Kienbaum aus dem Jahr 2009 dominierte zudem noch ein weiterer Aspekt. In dieser Studie belegten die Entwicklungsmöglichkeiten den ersten

Platz, die in der vorliegenden Erhebung erst im späteren Ranking auftauchen (Kienbaum Consulting GmbH, 2010). Dadurch wird deutlich, dass die Karriere zunehmend unter dem Aspekt der persönlichen Gesundheit und des Wohlbefindens geplant wird, was die Hypothese 8 erneut bestätigt. Auffällig in der vorliegenden Erhebung war hierbei, dass der Aspekt Gleitzeit/ flexible Arbeitszeiten weit unten in der Rangliste erscheint. Hier liegt die Vermutung nahe, dass dieser Aspekt heutzutage als selbstverständlich wahrgenommen wird. Bereits in Kapitel 3.2 wird deutlich, dass die Arbeitszeitgestaltung einer Veränderung unterliegt und Maßnahmen der flexiblen Arbeitszeit zunehmend dominieren. Somit wird vermutet, dass in der vorliegenden Untersuchung kein konkretes Augenmerk auf diesen Aspekt zu legen ist, da er im Unternehmensalltag weitverbreitet gelebt wird. Den Individualismus bekräftigend, konnte auch Hypothese 9 in dieser Erhebung durch die vorliegenden Ergebnisse bestätigt werden. Die eigenen Karrierebedingungen werden ausweitend anhand der individuellen Merkmale einer Person bewertet und nicht mehr primär über externe Gegebenheiten definiert. Hierbei wurden die Selbstdarstellung, das Selbstvertrauen und die Leistungsfähigkeit als wichtigste Aspekte benannt, bevor Kriterien wie Netzwerke und Vermeidung von Geschlechterstereotypen im Ranking erscheinen. In diesem Zusammenhang wurden die Kriterien nach inneren und äußeren Faktoren unterschieden und in zwei verschiedenen Skalen dargestellt. Die Unterscheidung erfolgte hierbei in Abhängigkeit davon, ob die Eigenschaften als Persönlichkeitsmerkmale der eigenen Person entstammen oder diese durch die Umgebung definiert werden, bzw. beeinflussbar sind. Die interferenzstatistische Auswertung dieser beiden Skalen *Karriere Innen* und *Karriere Außen* zeigte, dass der Mittelwert der äußeren Faktoren signifikant höher lag und somit als weniger wichtig wahrgenommen wurde (Tabelle 9). Dies bestätigt, sowohl durch eine deskriptive, als auch eine interferenzstatistische Prüfung, dass die eigenen Karrierebedingungen als eher abhängig von internen Faktoren angesehen werden und weniger das Produkt externer Gegebenheiten sind.

8 Ausblick

Die vorliegende Thematik wurde bereits in verschiedenen Studien aufgegriffen und aus unterschiedlicher Sicht untersucht. Ein Großteil der Untersuchungen erforschte hierbei ähnliche Sachverhalte und ermöglichte es, dass bereits eine breite und fundierte theoretische Grundlage zur Work-Life-Balance und ihrer Umsetzung in Unternehmen vorliegt. In einigen Bereichen ist jedoch noch Forschungsbedarf vorliegend.

Mit zunehmender Abkehr von traditionellen Rollenmodellen müssen auch alternative Familienmodelle stärker in den Fokus der Untersuchungen gerückt werden. In diesem Bereich liegen aktuell erst wenige Erkenntnisse vor. Dadurch, dass auch die Scheidungsrate in den letzten Jahren verstärkt zugenommen hat, wäre es ratsam, ebenfalls die Bedeutung eines Singlehaushaltes auf die eigene Einstellung und die Alleinerziehung in ihrer Auswirkung auf die Kinder zu untersuchen. Hinzukommend gibt es immer mehr Singles im erwerbsfähigen Alter, die mehr Zeit in ihr Privatleben und in die Partnersuche investieren wollen und daher eine abnehmende Erwerbstätigkeit in Betracht ziehen (Klimpel & Schütte, 2006). Besonders aber auch der Einfluss von Patchworkfamilien ist in diesem Kontext, sowohl auf die Kinder, als auch auf die Elternteile, zu untersuchen. Dieser Bedarf resultiert insbesondere aus der wachsenden Praxis eines solchen Familienmodells. Die unterschiedlichen Familienmodelle könnten an dieser Stelle einen Einfluss auf die Bedeutung der Work-Life-Balance und damit einhergehend auf die Erwerbstätigkeit der Personen haben und sollten aus diesem Grund Gegenstand zukünftiger Forschungen in diesem Bereich sein. Besonders auch das Angebot an Maßnahmen zur Förderung der Work-Life-Balance müsste an diese Veränderungen angepasst werden.

Die Bedeutung der Work-Life-Balance und die Umsetzung dieser sollte zudem auch im geschlechtsspezifischen Kontext genauer erforscht werden. Männer, in ihrer ursprünglichen Funktion als Hauptverdiener, unterliegen in ihrer familiären Rolle oftmals einem Wandel. Damit einhergehend entstehen veränderte Erwerbssituationen zwischen Frau und Mann, die auch für männliche Erwerbstätige zu einer zunehmenden Bedeutung der Work-Life-Balance und Einflüssen in der Vereinbarkeit von Familie und Beruf führen.

In der abschließenden Betrachtung der Thematik im internationalen Bereich, zeigte sich, dass die Work-Life-Balance im Ländervergleich bereits untersucht wurde. Hierbei wurde deutlich, dass auch außerhalb Deutschlands ein Anstieg der

Bedeutung vermerkt werden konnte. Informationen über nicht-industrielle Länder, ebenso wie Darstellungen über die Umsetzung von vorhandenen Maßnahmen fehlen jedoch noch und sollten im Rahmen zukünftiger Studien untersucht werden (Chang, McDonald und Burton, 2010).

Literaturverzeichnis

Asendorpf, J.B. & Neyer, F.J. (2012). *Psychologie der Persönlichkeit* (5. überarb. Aufl.). Berlin Heidelberg: Springer- Verlag.

Bailyn, L., Fletcher, J.K., Pruitt, B.H. & Rapoport, R. (2001). Harvard Business Review. (2000). Work-Life-Balance. In M. Wirtz (Hrsg.). Dorsch: Lexikon der Psychologie (17., vollst. überarb. u. ak. Aufl., S. 1804). Bern: Hans Huber.

Bamberg, E. & Resch, M. (2005). Work-Life-Balance- Ein neuer Blick auf die Vereinbarkeit von Berufs- und Privatleben? *Zeitschrift für Arbeits- u. Organisationspsychologie, 49 (4), 171-175.*

Billig, M.G., Bundy, R.P., Flament, C. & Tajfel, H. (1971). Social categorization and intergroup behaviour. *European Journal of Social Psychology, 1(2), 149-178.*

Bode, L., Busch, M.A., Hapke, U., Maske, U.E., Scheidt-Nave, C. & Schlack, R. (2013). Chronischer Stress bei Erwachsenen in Deutschland – Ergebnisse der Studie zur Gesundheit Erwachsener in Deutschland. *Bundesgesundheitsblatt, 56, 749-754.*

Böhm, S., Bruch, H. & Kunze, F. (2010). *Generationen erfolgreich führen: Konzepte und Praxiserfahrungen zum Management des demographischen Wandels.* Wiesbaden: Gabler Verlag.

Böhm, S., Herrmann, C. & Trinczek, R. (2004). *Herausforderung Vertrauensarbeitszeit.* Berlin: edition sigma.

Buhl, H.M., Wittmann, S. & Noack, P. (2003). Eltern-Kind-Beziehungen studierender und berufstätiger junger Erwachsener. *Zeitschrift für Entwicklungspsychologie und Pädagogische Psychologie, 35 (3), 144–152.*

Bundesministerium für Familie, Senioren, Frauen und Jugend (BMFSFJ) (Hrsg.). (2005). *Work Life Balance. Motor für wirtschaftliches Wachstum und gesellschaftliche Stabilität.* Zugriff am 30.11.2015, von https://www.rwth-aachen.de/global/show_document.asp?id=aaaaaaaaaaagxqg&download=1

Bundesministerium für Familie, Senioren, Frauen und Jugend (BMFSFJ) (Hrsg.). (2010). *Perspektive Wiedereinstieg: Ziele, Motive und Erfahrungen von Frauen vor, während und nach dem beruflichen Wiedereinstieg.* Zugriff am 30.11.2015, von http://www.bmfsfj.de/RedaktionBMFSFJ/Broschuerenstelle/Pdf-Anlagen/Perspektive-Wiedereinstieg-Ziele-Motive-Erfahrungen,property=pdf,bereich=bmfsfj,sprache=de,rwb=true.pdf

Bundesministerium für Familie, Senioren, Frauen und Jugend (BMFSFJ) (Hrsg.) (2013). *Stief- und Patchworkfamilien in Deutschland.* Zugriff am 09.12.2015, von http://www.bmfsfj.de/RedaktionBMFSFJ/Broschuerenstelle/Pdf-Anlagen/Monitor-Familienforschung-Ausgabe-31,property=pdf,bereich=bmfsfj,sprache=de,rwb=true.pdf

Burlot, F., Pichot, L. & Pierre, J. (2009). Management practices in companies through sport. *Management Decision, 47 (1), 137 – 150.*

Burton, P., Chang, A. & McDonald, P. (2010). Methodological choices in work-life balance research 1987 to 2006: a critical review. *The International Journal of Human Resource Management, 21(13), 2381–2413.*

Carney, J.S., Evans, A.M. & Wilkinson, M. (2013). Work-Life Balance for Men: Counseling Implications. *Journal of Counseling & Development, 91 (4), 436-441.*

Casimir, G. & Loon, M. (2008). Job-demand for learning and job-related learning: The moderating effect of need for achievement. *Journal of Managerial Psychology, 23 (1), 89 - 102.*

Cohen-Charash, Y., Davidson, O.B., Eden, D., Hammer, L.B., Kluger, A.N., Krausz, M. et al. (2010). Sabbatical Leave: Who Gains and How Much? *Journal of Applied Psychology, 95 (5), 953–964.*

Collinson, D. & Ford, J. (2011). In search of the perfect manager? Work-life balance and managerial work. *Work, employment and society, 25(2), 257–273.*

Coupland, D. (1992). *Generation X: Tales for an Accelerated Culture.* London: Abacus.

Crumpacker, J.M. & Crumpacker, M. (2007). Succession planning and Generational Stereotypes: Should HR Consider Age-Based Values and Attitudes a Relevant Factor or a Passing Fad? *Public Personnel Management, 36 (4), 349-369.*

Dahlmanns, A. (2014). *Generation Y und Personalmanagement.* München und Mering: Rainer Hampp Verlag.

Deloitte, Deutsche Hochschule für Prävention und Gesundheitsmanagement & Deutscher Sportstudio Verband (Hrsg.). (2015). *Mitgliederzahl der deutschen Fitnessclubs von 2004 bis 2014 (in Millionen).* Zitiert nach de.statista.com. Zugriff am 29.12.2015. Verfügbar unter http://de.statista.com/statistik/daten/studie/5966/umfrage/mitglieder-der-deutschen-fitnessclubs/

Die Continentale Krankenversicherung (Hrsg.). (2015a). *Arbeitnehmerumfrage: Welche Maßnahmen aus dem Bereich des Betrieblichen Gesundheitsmanagement bietet Ihr Arbeitgeber?* Zitiert nach de.statista.com. Zugriff am 10.11.2015. Verfügbar unter http://de.statista.com/statistik/daten/studie/275012/umfrage/arbeitnehmerumfrage-zum-betrieblichen-gesundheitsmanagement-in-deutschen-unternehmen/

Die Continentale Krankenversicherung (Hrsg.). (2015b). *Arbeitnehmerumfrage: Wie sinnvoll finden Sie folgende Maßnahmen des betrieblichen Gesundheitsmanagements?* Zitiert nach de.statista.com. Zugriff am 10.11.2015, von http://de.statista.com/statistik/daten/studie/275018/umfrage/bewertung-einzelner-massnahmen-des-betrieblichen-gesundheitsmanagements/

Dümmler, K. & Wirth, H. (2005). The Influence of Qualification on Women's Childlessness in West Germany: Age and Cohort Effects: Analyses with the German Microcensus. *Zeitschrift für Bevölkerungswissenschaften, 30, 313-336.*

Dustmann, C. & Schönberg, U. (2008). The Effect of Expansions in Maternity Leave Coverage on Children's Long-Term Outcomes. *IZA Discussion Paper No.3605.* Bonn: Forschungsinstitut zur Zukunft der Arbeit (IZA).

Eilers, S. & Rump, J. (2013a). *Die jüngere Generation in einer alternden Arbeitswelt: Baby Boomer versus Generation Y.* Sternenfels: Verlag Wissenschaft & Praxis.

Eilers, S. & Rump, J. (2013b). Weitere Megatrends. In J. Rump & N. Walter (Hrsg.), *Arbeitswelt 2030: Trends, Prognosen, Gestaltungsmöglichkeiten* (S. 13-28). Stuttgart: Schäffer- Poeschel Verlag.

Europäische Kommission (2013): Generation Praktikum. Zitiert nach de.statista.com. Zugriff am 02.01.2016. Verfügbar unter http://de.statista.com/infografik/3526/anteil-der-personen-die-nach-der-ausbildung-praktika-absolvierte/

Flüch, S. & Stettes, O. (2013). Familienfreundlichkeit in der deutschen Wirtschaft – Ergebnisse des Unternehmensmonitors Familienfreundlichkeit 2013, *IW-Trends – Vierteljahresschrift zur empirischen Wirtschaftsforschung, Institut der deutschen Wirtschaft Köln, Heft 3/2013.*

Franke, B. & Schneider, H. (2014). *Bildungsentscheidungen von Studienberechtigten: Studienberechtigte 2012 ein halbes Jahr vor und ein halbes Jahr nach Schulabschluss.* Hannover: Deutsches Zentrum für Hochschul- und Wissenschaftsforschung GmbH (Hrsg.). Zugriff am 20.01.2016. Verfügbar unter http://www.dzhw.eu/pdf/pub_fh/fh-201406.pdf

Freier, K. (2005). *Work Life Balance - Zielgruppenanalyse am Beispiel eines deutschen Automobilkonzerns.* Frankfurt am Main: Arbeitswissenschaft in der betrieblichen Praxis, Band 23, Peter Lang Verlag.

Gesamtverband Kommunikationsagenturen e.V. (GWA) (Hrsg.). (2011). Wie wichtig sind die Kriterien bei der Wahl Ihres zukünftigen Arbeitgebers? Zitiert nach de.statista.com. Zugriff am 08. Januar 2016. Verfügbar unter http://de.statista.com/statistik/daten/studie/181885/umfrage/kriterien -fuer-die-wahl-des-arbeitgebers/

Gröpler, K. & Rensmann, J.H. (1998). *Telearbeit. Ein praktischer Wegweiser.* Berlin: Springer Verlag.

Guillot- Soulez, C. & Soulez, S. (2014). On the heterogeneity of Generation Y job preferences. *Employee Relations, 36 (4), 319 – 332.*

Hammill, G. (2005). Mixing and managing four generations of employees. *FDU Magazine, 12 (2).* Retrieved July 23, 2009, from http://www.fdu.edu/newspubs/magazine/05ws/generations.htm

Hansen, J. C., & Leuty, M. E. (2012). Work value differences across generations. *Journal of Career Assessment, 20 (1), 32-50.*

Haustein, T. & Keller, M. (2012). Vereinbarkeit von Familie und Beruf: Ergebnisse des Mikrozensus 2011 [Elektronische Version]. In Statistisches Bundesamt (Hrsg.). *Wirtschaft und Statistik, Dezember 2012.* Wiesbaden. Zugriff am 04.01.2016. Verfügbar unter https://www.destatis.de/DE/Publikationen/WirtschaftStatistik/Bevoelkerung/VereinbarkeitFamilieBeruf_122012.pdf?__blob=publicationFile

Heckhausen, H. & Heckhausen, J. (2010). Motivation und Handeln: Einführung und Überblick. In Heckhausen, H. & Heckhausen, J. (Hrsg*.), Motivation und Handeln* (4., vollst. überarb. u. ak. Aufl., S.1-8). Heidelberg: Springer- Verlag.

Heckhausen, H. & Schmalt, H.-D. (2010). Machtmotivation. In H. Heckhausen & J. Heckhausen (Hrsg.), *Motivation und Handeln* (4., vollst. überarb. u. ak. Aufl., S.211-231). Heidelberg: Springer- Verlag.

Heckhausen, H. & Sokolowksi, K. (2010). Soziale Bindung: Anschlussmotivation und Intimitätsmotivation. In H. Heckhausen & J. Heckhausen, *Motivation und Handeln* (4., vollst. überarb. u. ak. Aufl., S.193-208). Heidelberg: Springer- Verlag.

Hoff, E.-H., Grote, S., Dettmer, S., Hohner, H.-U.& Olos, L. (2005). Work-Life- Balance. Berufliche und private Lebensgestaltung von Frauen und Männern in hoch qualifizierten Berufen. *Zeitschrift für Arbeits- u. Organisationspsychologie, 49 (2), 196-207.*

ibi research an der Universität Regensburg GmbH. (2013). *Digitalisierung der Gesellschaft: Aktuelle Einschätzungen und Trends.* Zugriff am 26.01.2016. Verfügbar unter http://www.ibi.de/files/Studie_Digitalisierung-der-Gesellschaft.pdf.

Ierodiakonou, C. & Stavrou, E. (2015). Entitlement to Work-Life Balance Support: Employee/Manager Perceptual Discrepancies and Their Effect on Outcomes. Human Resource Management, 09/2015.

Institut für Demoskopie Allensbach (Hrsg.). (2005). *Einstellungen junger Männer zu Elternzeit, Elterngeld und Familienfreundlichkeit im Betrieb.* Allensbach: IfD Allensbach.

Kasten, H. (1995). *Einzelkinder: Aufwachsen ohne Geschwister.* Berlin/ Heidelberg: Springer- Verlag.

Kerbusk, S. (2014). Jetzt reicht's mal! [Elektronische Version]. *Die Zeit – Online.* Zugriff am 04.01.2016. Verfügbar unter http://www.zeit.de/2014/35/generation-y-studenten

Kienbaum Management Consultants GmbH (Hrsg.). (2010). *Was motiviert die Generation Y im Arbeitsleben?* Zugriff am 20.11.2015. Verfügbar unter http://www.kienbaum.de/Portaldata/1/Resources/downloads/servicesp alte/Kienbaum_Studie_Generation_Y_2009_2010.pdf

Kienbaum Communications GmbH & Co. KG (Hrsg.). (2014). *HR- Trendstudie 2014: Ergebnisbericht.* Zugriff am 20.11.2015. Verfügbar unter http://www.kienbaum.de/Portaldata/1/Resources/downloads/Ergebnis bericht_HR-Trendstudie2014_Final.pdf

Kienbaum Communications GmbH & Co. KG (Hrsg.). (2015). *Absolventenstudie 2014/ 2015: Ergebnisbericht.* Zugriff am 20.01.2016. Verfügbar unter http://www.kienbaum.de/Portaldata/1/Resources/downloads/brochure s/Kienbaum_Absolventenstudie_2014_2015_Ergebnisbericht.pdf

Kiesel, A. & Koch, I. (2012). *Lernen: Grundlagen der Lernpsychologie.* Wiesbaden: Springer Verlag.

Klaffke, M. & Parment, P. (2011). Herausforderungen und Handlungsansätze für das Personalmanagement von Millenials. In Klaffke, M. (Hrsg.), *Personalmanagement von Millennials: Konzepte, Instrumente und Best- Practice- Ansätze* (S. 16-32). Wiesbaden: Gabler Verlag.

Klimpel, M. & Schütte, T. (2006). *Work-Life-Balance: Eine empirische Erhebung.* Mering: Rainer Hampp Verlag.

Kowske, B.J., Rasch, R. & Wiley, J. (2010). Millennials' (Lack of) Attitude Problem: An Empirical Examination of Generational Effects on Work Attitudes. Journal of Business and Psychology, *25 (2), 265- 279.*

Kröger, K. (2014). *Entwicklung eines Fragebogens zur Evaluation der Wirksamkeit von Mentoring - Programmen in Hinblick auf die Work-Life-Balance von in Forschung und Wissenschaft tätigen Ärztinnen an Universitätsklinika.* Unveröffentlichte Dissertation, Hochschule für Angewandte Wissenschaften in Hamburg.

Lancaster, L. C. & Stillman, D. (2002). *When generations collide: Who they are. Why they clash. How to solve the generational puzzle at work.* New York: Harper Business.

Langens, T.A., Schmalt, H.-D. & Sokolowksi, K. (2005). Motivmessung: Grundlagen und Anwendungen. In J. Brunstein (Hrsg.), *Motivationspsychologie und ihre Anwendung* (S.72-92). Stuttgart: Verlag W. Kohlhammer.

Liersch, A. (2014). Arbeitsunfälle und arbeitsbedingte Gesundheitsprobleme: Ergebnisse einer Zusatzerhebung im Rahmen des Mikrozensus 2013 [Elektronische Version]. In Statistisches Bundesamt (Hrsg.). *Wirtschaft und Statistik, September 2014.* Wiesbaden. Zugriff am 04.01.2016. Verfügbar unter https://www.destatis.de/DE/Publikationen/WirtschaftStatistik/ Arbeitsmarkt/ArbeitsunfaelleGesundheitsprobleme_ 92014.pdf?__blob=publicationFile

Lloyd, B.L. & Rosch, E. (1978). Kategorisierung [categorization]. In M. Wirtz (Hrsg.). Dorsch: Lexikon der Psychologie (17. Auflage, S. 853). Bern: Hans Huber.

Matthes, S. (2015). "Unsicher, ziellos und wenig belastbar": Eine Abrechnung mit der Generation Y [Elektronische Version]. *Huffington Post Deutschland - Online.* Zugriff am 04.01.2016. Verfügbar unter http://www.huffingtonpost.de/sebastian-matthes/unsicher-ziellos-wenig-belastbar-abrechnung-generation-y_b_7601592.html

Medienpädagogischer Forschungsverbund Südwest (Hrsg.) (2015). Tägliche Dauer der Internetnutzung durch Jugendliche in Deutschland in den Jahren 2006 bis 2015 (in Minuten). Zitiert nach de.statista.com. Zugriff am 04.01.2016. Verfügbar unter http://www.mpfs.de/fileadmin/JIM-pdf15/JIM_2015.pdf; http://de.statista.com/statistik/daten/studie/ 168069/umfrage/taegliche-internetnutzung-durch-jugendliche/

Medman, N. & Windisch, E. (2008). Understanding the digital natives. *Ericsson Business Review, 1, 36-39.*

Müller, G.F. (2001). Dispositionelle Bedingungsfaktoren von Telearbeit. *Zeitschrift für Arbeits- und Organisationspsychologie A&O (2001), 45, 93-96.*

Murray, H.A. (1938). *Explorations in personality* [Electronic version]. New York: Oxford University Press. Zugriff am 04.01.2016. Verfügbar unter: https://archive.org/details/explorationsinpe031973mbp

Nass, C., Ophir, E. & Wagner, A. D. (2009). Cognitive control in media multitaskers. *PNAS, 106 (37), 15583-15587.*

Parment, A. (2013). *Die Generation Y. Mitarbeiter der Zukunft motivieren, integrieren, führen* (2. Aufl.). Wiesbaden: Springer Gabler.

Peschke, M. & Schneider, W. (2010). Psychosoziales Gesundheitsmanagement im Betrieb. *Psychotherapeut, 56, 16-20.*

Petersen, L.-R. (2011). Stereotype, Vorurteile und soziale Diskriminierung. In H.-W. Bierhoff & D. Frey (Hrsg.). *Sozialpsychologie- Individuum und soziale Welt* (S.233-252). Göttingen: Hogrefe- Verlag.

Powers , T.L. & Valentine, D.B. (2013). Generation Y values and lifestyle segments. *Journal of Consumer Marketing, 30 (7), 597 – 606.*

Ruthus, J. (2013). *Employer of Choice der Generation Y: Herausforderungen und Erfolgsfaktoren zur Steigerung der Arbeitgeberattraktivität.* Wiesbaden: Springer Verlag.

Sima, C.M. (2000). The Role and Benefits of the Sabbatical Leave in Faculty Development and Satisfaction. *New Directions for Institutional Research, 2000 (105), 67-75.*

Statistisches Bundesamt (Hrsg.). (2015a). *Bevölkerung: Eheschließungen, Ehescheidungen, Deutschland, Anzahl* [destatis online]. Zugriff am 05.01.2016. Verfügbar unter https://www.destatis.de/DE/ZahlenFakten/GesellschaftStaat/Bevoelkerung/Ehescheidungen/Tabellen_/lrbev06.html

Statistisches Bundesamt (Hrsg.). (2015b). *Indikatoren zur Qualität der Arbeit (Ergebnisse der Arbeitskräfteerhebung 2013)* [destatis online]. Zugriff am 04.01.2016. Verfügbar unter https://www.destatis.de/DE/ZahlenFakten/GesamtwirtschaftUmwelt/Arbeitsmarkt/_Doorpage/Indikatoren_QualitaetDerArbeit.html

Statistisches Bundesamt (Hrsg.). (2015c). Jedes vierte minderjährige Kind ist ein Einzelkind [destatis online]. *Pressemitteilung vom 30.09.2015, 343/15.* Zugriff am 04.01.2016. Verfügbar unter https://www.destatis.de/DE/PresseService/Presse/Pressemitteilungen/2015/09/PD15_343_122pdf.pdf?_blob=publicationFile

Statistisches Bundesamt (Hrsg.). (2015d). *Studienanfänger: Deutschland, Semester, Nationalität, Geschlecht* [destatis online]. Zugriff am 04.01.2016. Verfügbar unter https://www-genesis.destatis.de/genesis/online/logon?sequenz=tabelleErgebnis&selectionname=21311-0010

Ulich, E. & Wiese, B.S. (2011). *Life Domain Balance: Konzepte zur Verbesserung der Lebensqualität.* Wiesbaden: Gabler Verlag.

Universum Global (Hrsg.). (2014). *Erste weltweite Millennial-Studie: Eine missverstandene Generation.* Zugriff am 29.12.2015. Verfügbar unter http://universumglobal.com/de/2014/11/erste-weltweite-millennial-studie/

Universum Global (Hrsg.). (2015a). *Weltweite Millennial-Studie: Worin sich Millennials in Deutschland von ihren Altersgenossen in anderen Ländern unterscheiden.* Zugriff am 29.12.2015. Verfügbar unter http://universumglobal.com/de/2015/01/weltweite-millennial-studie-2/

Universum Global (Hrsg.). (2015b). *Stress lass nach! Was weibliche Millennials an Führungspositionen abschreckt.* Zugriff am 29.12.2015. Verfügbar unter http://universumglobal.com/de/2015/02/weibliche-millennials/

Universum Global (Hrsg.) (2015c). *Universum Arbeitgeberranking 2015: Young Professionals.* Zugriff am 29.12.2015. Verfügbar unter http://universumglobal.com/de/2015/11/universum-arbeitgeberranking-2015-young-professionals

Wanger, S. (2015). Frauen und Männer am Arbeitsmarkt: Traditionelle Erwerbs- und Arbeitszeitmuster sind nach wie vor verbreitet. *IAB-Kurzbericht,4 , S.1-8.*

Weiler, A. (2004). Information-Seeking Behavior in Generation Y

Students: Motivation, Critical Thinking, and Learning Theory. *The Journal of Academic Librarianship, 31(1), 46–53.*

Wiese, B.S. (2007). Elternzeit: Ein Risiko für die Karriere? *Zeitschrift für Arbeits- u. Organisationspsychologie, 51 (2), 79–87.*

Wiese, B.S. (2015). Work-Life-Balance. In K. Moser (Hrsg.). *Wirtschaftspsychologie* (2., vollst. überarb. u. ak. Aufl., S.227-241). Heidelberg: Springer.

Anhang

Anhang A- Fragebogen

1. Begrüßung

Liebe Teilnehmerin, lieber Teilnehmer!

Diese Befragung findet im Rahmen meiner Abschlussarbeit im Fachbereich Wirtschaftspsychologie der Hochschule Bonn-Rhein-Sieg statt und dauert etwa 10- 15 Minuten.

An dieser Studie können ausschließlich Personen teilnehmen, die an einer Hochschule immatrikuliert sind und ihr Studium in Vollzeit absolvieren. Hierbei ist es nicht relevant, ob es sich um eine Fachhochschule oder Universität handelt und welcher Studiengang belegt wird.

Alle im Rahmen dieser Befragung erhobenen Daten werden lediglich für Forschungszwecke in anonymisierter Form erhoben und streng vertraulich behandelt. Ein Rückschluss auf die Identität der Teilnehmer ist nicht möglich.

Es ist wichtig, dass Sie alle aufgeführten Fragen aufrichtig und vollständig beantworten, um Ihren Fragebogen richtig auswerten zu können.

Bitte beachten Sie: Wenn Sie das Browserfenster vor Beendigung des Fragebogens schließen, gehen sämtliche Daten verloren.

Bitte lesen Sie jede Frage sorgfältig und wählen Sie jeweils die Antwort, die Ihrer ersten Einschätzung entspricht. Es gibt keine richtigen oder falschen Antworten.

Eine Teilnahme an dieser Befragung ist bis zum 18.10.2015 möglich.

Bei Rückfragen stehe ich jederzeit gerne zur Verfügung.

Ich danke Ihnen vielmals für Ihre Teilnahme und freue mich über Ihre Unterstützung!

Joana Zweiffel

2. Einstellung Karriere

Zunächst möchte ich Sie bitten, einige Angaben betreffend Ihrer persönlichen Einstellung zu Karriere und Beruf zu machen.

Hierbei dürfen Sie Ihre Entscheidung gerne spontan treffen.

Wie wichtig sind Ihrer Meinung nach folgende Faktoren für eine erfolgreiche Karriere?

	sehr wichtig	wichtig	unwichtig	sehr unwichtig
Karriereplanung (v_96)				
Netzwerke (v_97)				
Mobilität (v_98)				
Publikationen (v_99)				
Vermeidung von Geschlechterstereotypen und Vorurteilen (v_100)				
Das eigene Auftreten/ Selbstdarstellung (v_101)				
Selbstvertrauen (v_102)				
Förderung durch Vorgesetzte (v_103)				
Leistungsfähigkeit und Einsatzbereitschaft (v_104)				
Gleichstellungspolitik (v_105)				
Vereinbarkeit von Familie und Karriere (v_106)				

3. Einstellung zu Familie und Beruf

Wie wichtig sind Ihnen folgende Faktoren der Vereinbarkeit von Familie und Beruf bei der Wahl Ihres Arbeitsgebers?

	sehr wichtig	wichtig	unwichtig	sehr unwichtig
Flexible Arbeitszeiten (v_13)				
Möglichkeit der Vereinbarkeit von karriererelevanten Qualifikationen und Familiengründung (v_14)				
Zuschuss zu einem Kita-Platz (v_15)				
Abbau von Vorurteilen gegenüber Unternehmer/Innen mit Kindern (v_16)				
Möglichkeit, bei familiären Anliegen kurzfristig Urlaub nehmen zu können, wie z. B. Kitastreik (v_17)				
Betriebskindergarten (v_18)				
Möglichkeit, die Arbeit bei familiären Anliegen früher zu verlassen (v_19)				

4. Wahrnehmung der eigenen Karriere

Bitte beurteilen Sie im Folgenden Ihre persönlichen Karrierebedingungen:

	stimme voll und ganz zu	stimme zu	stimme nicht zu	stimme überhaupt nicht zu
Ich verfüge über eine stringente Karriereplanung.(v_20)				
Ich bin uneingeschränkt mobil. (v_21)				
Ich verfüge über karriererelevante Netzwerke. (v_22)				
Ich fühle mich sicher beim Knüpfen neuer Kontakte. (v_23)				
Ich weiß, wie ich mir ein karriererelevantes Netzwerk aufbauen kann. (v_24)				
Ich habe bereits mit meiner Familienplanung begonnen. (v_25)				
Ich sehe viele Möglichkeiten meine berufliche Zukunft zu gestalten.(v_26)				
Ich bin zuversichtlich, dass ich meine Karrierepläne umsetzen kann. (v_27)				
Ich bin zuversichtlich, dass ich meine Karrierepläne in einer Partnerschaft umsetzen kann. (v_28)				
Ich bin zuversichtlich, dass ich meine Karrierepläne mit Kindern umsetzen kann. (v_29)				

5. Unternehmensleistungen

Wie wichtig sind Ihnen die folgenden Faktoren bei Ihrem zukünftigen Arbeitgeber?

	sehr wichtig	wichtig	unwichtig	sehr unwichtig
Qualifizierungsmöglichkeiten (v_30)				
Möglichkeiten der beruflichen Entwicklung und Weiterbildung (v_31)				
Sicherheit, den Arbeitsplatz behalten zu können (v_32)				
Bezahlung/ Entlohnung (v_33)				
Sozialleistungen (z. B. Altersvorsorge) (v_34)				
Gleitzeit/ flexible Arbeitszeiten (v_35)				
Information über Veränderungen und Vorgänge im Unternehmen (v_36)				
Kommunikation zwischen Vorgesetzten und Mitarbeitern (v_37)				
Mitsprachemöglichkeiten bei betrieblichen Entscheidungen (v_38)				
Einflussmöglichkeit bei Problemen am Arbeitsplatz (v_39)				
Gegenseitige Unterstützung und Hilfestellung unter den Arbeitskollegen (v_40)				
Anerkennung der persönlichen Leistung (v_41)				
Konfliktbewältigung unter den Arbeitskollegen (v_42)				
Arbeitsklima im Team (v_43)				

6. Fragen zum Gefühlszustand und zur Motivation

Nun möchte ich Ihnen gerne ein paar Fragen zu Ihrem aktuell persönlichen Empfinden stellen. Bitte bedanken Sie, es gibt hierbei weder richtige, noch falsche Antworten.

Betrachten Sie nun Ihre persönliche Stimmung innerhalb der letzten zwei Wochen. Inwieweit äußerten sich die folgenden Gefühle in dieser Zeit?

	ständig	häufig	selten	nie
Zuversicht (v_44)				
Energielosigkeit (v_45)				
Ausgeglichenheit (v_46)				
Lebensfreude (v_47)				
Angst vor Fehlern/ vor dem Versagen (v_48)				
Selbstvertrauen (v_49)				
Erschöpftheit (v_50)				
Allgemeine Unlust (v_51)				

Bitte beurteilen Sie die folgenden Faktoren nach Ihrem persönlichen Empfinden:

	stimme voll und ganz zu	stimme zu	stimme nicht zu	stimme überhaupt nicht zu
Ich habe ein berufliches Interesse daran, Mitarbeiter und Mitarbeiterinnen zu führen. (v_64)				
Für mehr Einfluss würde ich auf vieles verzichten. (v_65)				
Ich kann Menschen verstehen, die sagen, dass andere Dinge wichtiger sind als Einfluss und Politik. (v_66)				
Am glücklichsten bin ich dann, wenn ich Verantwortung übernehmen kann und wichtige Entscheidungen treffen darf. (v_67)				
Ich habe ein berufliches Interesse daran, Verantwortung zu tragen. (v_68)				

Bitte beurteilen Sie die folgenden Faktoren nach Ihrem persönlichen Empfinden:

	stimme voll und ganz zu	stimme zu	stimme nicht zu	stimme überhaupt nicht zu
Mir ist Familie wichtiger als Karriere. (v_52)				
Mir ist es wichtig, beruflich ein hohes Einkommen zu erzielen. (v_53)				
Ich strebe als Karriereziel eine Führungsfunktion an. (v_54)				
Wenn ich Pläne bezüglich meiner beruflichen Zukunft mache, dann kann ich diese auch umsetzen. (v_55)				
Es macht mir Spaß, an Problemen zu arbeiten, die für mich ein bisschen schwierig sind. (v_56)				
Ich versuche es zu vermeiden, für meinen Beruf neue Dinge zu lernen, die mir zu schwierig erscheinen. (v_57)				
Wenn etwas im Studium/ Beruf nicht so gut läuft, gebe ich leicht auf. (v_58)				
Bei meiner Arbeit gelingt mir auch die Lösung von schwierigen Aufgaben, wenn ich mich darum bemühe. (v_59)				
Mich reizen Situationen, in denen ich meine Fähigkeiten testen kann. (v_60)				
Ich glaube nicht, dass ich für meinen Beruf ausreichend motiviert bin, um große Schwierigkeiten meistern zu können. (v_61)				
Ich weiß genau, dass ich die an den Beruf gestellten Anforderungen erfüllen kann. (v_62)				
Wenn etwas im Studium nicht direkt funktioniert, probiere ich es noch stärker. (v_63)				

7. Jobbeispiele

Im Folgenden werde ich Ihnen verschiedene Stellenangebote vorstellen. Entscheiden Sie hierbei bitte spontan, welches der Angebote Sie annehmen würden.

Für Ihre Entscheidung sind nur die angegeben Informationen zu berücksichtigen.

Sie bekommen folgende Stellen angeboten:

1. Stelle: Ihr Arbeitgeber stellt Ihnen die Möglichkeit zur Verfügung Ihr Kind im Betriebskindergarten kostenlos unterzubringen. Das angebotene Monatsgehalt beträgt 3500€ brutto.

2. Stelle: Sie erhalten einen Firmenwagen für Ihre Tätigkeiten, da Sie nur 2 Tage die Woche im Unternehmen verbringen und die restliche Zeit reisen. Sie verdienen 3900€ brutto.

Für welchen Job entscheiden Sie sich? (v_92)

○Stelle 1   ○eher Stelle 1   ○eher Stelle 2   ○Stelle 2

Sie bekommen folgende Stellen angeboten:

1. Stelle: Sie haben die Möglichkeit Gleitzeit in Anspruch zu nehmen und können mit einer Spanne von zwei Stunden Ihren Arbeitstag flexibel gestalten. Zudem besteht die Möglichkeit der Home-Office-Regelung, die beinhaltet, dass Sie in Absprache mit Ihrem Vorgesetzten bei persönlichen Anliegen von zu Hause aus arbeiten dürfen. Sie verdienen 3000€ brutto im Monat.

2. Stelle: Ihr Jobangebot beinhaltet Schichtarbeit. Die Frühschicht umfasst die Zeit von 8 Uhr bis 17 Uhr und die Spätschicht erstreckt sich von 13 Uhr bis 22 Uhr. Ihre Schichten wechseln alle zwei Wochen. Sie erhalten 3700€/ Monat.

Für welchen Job entscheiden Sie sich? (v_93)

○Stelle 1   ○eher Stelle 1   ○eher Stelle 2   ○Stelle 2

Sie bekommen folgende Stellen angeboten:

1. Stelle: Sie wohnen 150 km von der Arbeitsstelle entfernt und haben vor diese Strecke zu pendeln. Dafür erhalten Sie einen Firmenwagen. Ihre Vergütung beträgt 3200€/ Monat.

2. Stelle: Sie wohnen 150 km von der Arbeitsstelle entfernt und haben vor diese Strecke zu pendeln. Hierfür vereinbaren Sie mit Ihrem Vorgesetzten, dass Sie einen Teil der Stunden im Home-Office verbringen dürfen. Ihre Vergütung beträgt 3000€/ Monat.

Für welche Stelle entscheiden Sie sich? (v_95)

○Stelle 1   ○eher Stelle 1   ○eher Stelle 2   ○Stelle 2

Sie bekommen folgende Stellen angeboten:

1. Stelle: Ihr Arbeitgeber unterstützt Ihr Vorhaben des Abendstudiums. Sie können an Vorlesungstagen das Unternehmen frühzeitig verlassen und bekommen einen Teil des Studiums finanziert.

2. Stelle: Sie bekommen einen Jahresvertrag mit Option auf Verlängerung. Diese ist abhängig von Ihrer Leistung und ermöglicht neben der Unbefristung die Wahrneh-mung einer Führungslaufbahn.

Für welche Stelle entscheiden Sie sich? (v_94)

○Stelle 1   ○eher Stelle 1   ○eher Stelle 2   ○Stelle 2

8. Sozio-Demo. Persönlich

Im nächsten Abschnitt möchte ich Sie bitten, Angaben zu Ihrer Person und Ihrem persönlichen Umfeld zu machen.

Diese Daten werden Ihre Anonymität nicht gefährden und dienen ausschließlich dem Forschungszweck dieser Untersuchung.

Bitte geben Sie Ihr Geschlecht an (v_69): ○männlich ○weiblich

Bitte geben Sie Ihr Alter an (v_113): _________

Haben Sie Geschwister (v_71)? ○Ja ○Nein

Wenn ja, wie viele Geschwister haben Sie (v_109)?

○1   ○2   ○3   ○mehr als 3

Leben Sie als Patchworkfamile zusammen, bsp. Haben Sie als Patchworkfamilie ge-meinsam gewohnt (v_74)?

○Ja   ○Nein

Wohnen Sie alleine in einem 1-Personen-Haushalt (v_73)?

○Ja   ○Nein

Geben Sie bitte die berufliche Situation Ihrer Eltern an:

Vater (v_75):

- Vollzeit angestellt
- Teilzeit angestellt
- Selbstständig/ Freiberufler
- nicht berufstätig

Mutter(v_76):

- Vollzeit angestellt
- Teilzeit angestellt
- Selbstständig/ Freiberufler
- nicht berufstätig

Hat einer Ihrer Eltern für die Kinderbetreuung die Berufstätigkeit unterbrochen (v_77)?

○Ja   ○Nein

Wenn ja, welches Elternteil hat die Berufstätigkeit unterbrochen (v_110)?

○Mutter   ○Vater

Und für wie lange (v_111)?

- weniger als 6 Monate
- zwischen 6 Monate und 1 1/2 Jahre
- zwischen 1 1/2 Jahre und 3 Jahre
- mehr als 3 Jahre

Bitte beantworten Sie die folgenden Fragen zur Ausbildung Ihrer Eltern:

Hat Ihr Vater eine abgeschlossene Berufsausbildung (v_80)?

○Ja   ○Nein

Hat Ihr Vater ein abgeschlossenes Studium (v_82)?

○Ja   ○Nein

Hat Ihre Mutter eine abgeschlossene Ausbildung (v_81)?

○Ja   ○Nein

Hat Ihre Mutter ein abgeschlossenes Studium (v_83)?

○Ja   ○Nein

Im Folgenden möchten wir nun die Karriere Ihrer Eltern betrachten.

Hierbei möchte ich Sie bitten, die folgenden Fragen diesbezüglich zu beantworten.

Hat Ihr Vater Ihrer Ansicht nach seine Karriereziele erreicht (v_84)?

○Ja   ○eher ja   ○nein   ○eher nein

Wenn nein, warum nicht? (Hier ist eine Mehrfachauswahl möglich.)

- Fehlende finanzielle Möglichkeiten (v_114)
- Fehlende Formqualitäten (z. B. Studium) (v_115)
- ○ Auf Grund von Kindern/ Familie (v_116)
- Andere Gründe (z. B. kein passendes Angebot, Ortsgebundenheit) (v_117)
- Sonstiges: ______________ (v_119)

Hat Ihre Mutter Ihrer Ansicht nach ihre Karriereziele erreicht (v_121)?

○Ja   ○eher ja   ○nein   ○eher nein

Wenn nein, warum nicht? (Hier ist eine Mehrfachauswahl möglich.)

- Fehlende finanzielle Möglichkeiten (v_122)
- Fehlende Formqualitäten (z. B. Studium) (v_123)
- Auf Grund von Kindern/ Familie (v_124)
- Andere Gründe (z. B. kein passendes Angebot, Ortsgebundenheit) (v_125)
- Sonstiges: ______________ (v_126)

Bitte geben Sie den Fachbereich Ihres Studienganges an (v_87):

- Wirtschaftswissenschaften
- Gesellschafts- und Sozialwissenschaften
- Ingenieurwissenschaften
- Lehramtsstudiengänge

- Medizin und Gesundheitswesen
- Naturwissenschaften und Mathematik
- Rechtswissenschaften
- sonstige: ________________

In welchem Semester befinden Sie sich aktuell (v_107)? ________________

9. Endseite

Ich danke Ihnen vielmals für Ihre Teilnahme und Unterstützung! Bei Rückfragen stehe ich jederzeit gerne zur Verfügung.